Sara Winter

Glücksorte in Chemnitz

Fahr hin und werd glücklich

Droste Verlag

Für dich.

Liebe Glücksuchende,

was kann es Beglückenderes geben, als sich vor der (eigenen) Haustür auf die Suche nach dem kleinen Glück zu machen? Genau! Gemeinsam mit anderen wunderbare Lieblingsplätze zu erkunden und dabei glückliche Vibes unters Volk zu bringen!
So kam es, dass auf die Einladung an Chemnitz, sich den Glück bringenden Aspekten des Alltags zuzuwenden, so mancher Glücksort-Geheimtipp folgte. Deshalb hält dieses Buch nicht nur persönliche Oasen bereit, sondern auch allerhand Orte, die mit Freude und Herzblut gemeinschaftlich von den Menschen dieser Stadt gestaltet und weiterentwickelt werden.
Im Freudentaumel über die Ernennung zur Kulturhauptstadt 2025, freue ich mich darauf, Einheimischen und Zugezogenen ebenso wie unseren Gästen mit der Kleeblatt-Brille die Vielseitigkeit unserer Stadt zu zeigen und insbesondere all die glückstiftenden Orte zu beleuchten. Eine Reise, die im Außen beginnt und zu guten Gefühlen im Inneren führt.
Also Spot on! Hier kommt das kleine Chemnitzer Glück um so manche (unerwartete) Ecke …

Ihre Sara Winter

Deine Glücksorte ...

… noch mehr Glück für dich

Stufe um Stufe zum Glück!

1 *An den bunten Treppen in der City*

Es ist, als sei man aus der Zeit gefallen, wenn die Sonnenstrahlen den Weg in einen Zwischenraum stoischer Gebäude weisen. Am Hochhaus vorbeilugend, braucht es ein paar Augenblicke, bis man den visuellen Eindrücken folgen kann. Doch dann eröffnen sie sich wie ein kunterbuntes Portal hin zu einem sonnigen Berg: die bunten Treppen, aufgehübscht von einer ebenso bunten Truppe – den „Buntmacher*innen".

Ihre Initiative steht für ein tolerantes, demokratisches Miteinander und setzt allerlei farbige Akzente im Stadtgeschehen. So tauchten die Akteure 2020 die Verbindungstreppe vom Zentrum zum Stadtteil Sonnenberg in Lego-Design, nachdem sie die Stadtgesellschaft zur Wahl eines Farbkonzeptes aufgerufen hatten. Fragen nach Werten sowie Bedingungen für die Zufriedenheit der Bevölkerung stellen sich die „Buntmacher*innen" keineswegs nur im stillen Kämmerlein. In vielfältigen Aktionen bringen sie ihre Gedanken immer wieder auf die Straße und ins Gespräch.

Was also macht das Leben lebenswert? Was bringt unser Herz zum Hüpfen, lässt Sterne in den Augen erscheinen und verleiht uns am Ende des Tages ein gutes Gefühl?

Eines ist klar: Das eine Rezept zum Glücklichsein gibt es nicht. Vielmehr ist es eine höchst persönliche Angelegenheit! Sich darüber gewahr zu werden, was einem wichtig ist und worin man seine Lebenszeit investieren möchte, ist ein wertvoller Schritt zum großen Glück der Lebenszufriedenheit. Gepaart mit einem Fünkchen Flexibilität, Humor und Kreativität lässt sich so manche Stufe leichter nehmen. Glück ist keine Sache des Schicksals, sondern eine bewusste Entscheidung. Das kleine Glück steht dabei wie eine Pusteblume am Wegesrand. Unaufdringlich, aber jederzeit bereit gepflückt zu werden. Und gerade die kleinen Glücksmomente sind es doch, die den Alltag verzaubern. Ein unerwartetes Lächeln, warme Sonnenstrahlen im Gesicht, einen Glückscent auslegen – ja, man darf das Glück auch aktiv mitgestalten, so wie die „Buntmacher*innen"!

Willkommen in Chemnitz, aloha, ihr Glücksortfinder!

Bunte Treppen, Augustusburger Straße 1, 09111 Chemnitz
www.buntmacherinnen.de
ÖPNV: Tram 5, Haltestelle eins energie in sachsen; Bus diverse Linien, Tram 2, Haltestelle Stefan-Heym-Platz

KUNSTGEWERBEHAUS

Tanzend in den Morgen

2 *Das Sonnendeck der „Spinnerei" in Altchemnitz*

Alles begann an einem frühen Sonntagmorgen nach einer durchzechten Nacht, in der Thomas Rebsch den Gästen der „Sanitätsstelle" sein begnadetes DJ-Set auf die Ohren legte. Mit Verklingen der letzten Beats schlenderten er und Gastgeber Timo Stocker über das anliegende Gelände und begannen, in dieser nebulösen Lichtstimmung der ersten Sonnenstrahlen Luftschlösser in das verwilderte Areal zu denken. Seit 2013 gedeiht ihr gemeinsames Projekt „Spinnerei" in Nachbarschaft zum Kulturdenkmal des ehemaligen Spinnereimaschinenbaus Chemnitz. Diesem Erbe begegnet man nicht nur im Namen der Freiluft-Eventlocation, sondern gleichwohl auch auf dem mittlerweile 5000 Quadratmeter umfassenden Grund und Boden. Wiederentdeckte Zeugnisse wie die alte Schienenanbindung, ein Silo oder Ausguck sind harmonisch in das einzigartige Konzept eingebunden. Überhaupt ist Eingebundensein hier das Wort der Stunde, denn aller Erweiterung zum Trotz schmiegen sich die handgefertigten Bauten der Spinnerei-Crew in die von der Natur zurückeroberte Begrünung. So wachsen die baumumgebenden Bretterverschläge einfach mit; ohnehin wird das Gelände stetig weiterentwickelt und mit neuartigen Ideen verschönert. All dies geschieht aus einem verbundenen Miteinander heraus, in dem die vielfältigen Talente und Potenziale der Mitwirkenden anerkannt und ausgeschöpft werden. Wie sonst könnte man in Eigenregie einen Pool mit Tausenden eis-, meer- und lagunenblauen Mosaikfliesen zimmern oder einen Bauwagen zur kuscheligen Sauna ausbauen? In den verschiedenen Areas des Open-Air-Clubs gibt es die ganze musikalische Bandbreite zu hören und allerhand Liebenswertes zu entdecken: Tagsüber tritt man zu entspannten Klängen aus dem Zauberwald empor auf den Sonnenbalkon, spannt behütet in einem der traumhaften Pavillons aus und verlebt mit Anbruch der Nacht genüssliche Tanzmomente zu energiegeladener Musik. Ob barfuß im Herzen oder barfüßig im Sand – die „Spinnerei" ist ein wundervoller Ort zum Genießen und Visionenspinnen.

TIPP

Die freigeistige Location hält Herzen und Tore auch für anderweitige Nutzungsideen offen.

Spinnerei Chemnitz, Altchemnitzer Straße 5a, 09120 Chemnitz, Tel. (01 76) 61 14 91 06
www.spinnerei.me

ÖPNV: Bus 52, Haltestelle Bruno-Salzer-Straße

Traum unterm Kirschbaum

3 *Im Stärkerwald am Rand von Reichenbrand*

Ausgesprochen unscheinbar wirkt das Gässchen hin zu diesem Glücksort, doch man lasse sich nicht beirren!
Vorbei an beschaulichen Wohnhäusern, einer Briefkastenanlage, wie man sie sonst nur in abgelegenen Gegenden Schwedens vermuten würde, vorüber an Feuchtbiotopen und Haus Nummer Sieben gelangt man zu einer Weggabelung. Man könnte hier innehalten und der Intuition folgen. Sicher würde man einen weiteren famosen Platz im unwegsamen Gelände des Stärkerwaldes erspähen. Zum Kirschbaumtraum folge man jedoch der Strecke links am Waldesrand entlang. Brombeersträucher, verwitterte Bäume und die ein oder andere Bank des Heimatvereins Reichenbrand passierend, huscht einem schon mal eine Feldmaus über den Weg. Nach einem kurzen, knackigen Aufstieg erwartet den Ausdauernden am Ende der Wegesspur eine paradiesisch anmutende Streuobstwiese. Hier lässt sich in bewährter Picknickmanier ein Sommertag genießen!
Den eher unruhigen Geist zieht vielleicht der anschließende Wald in seinen Bann. Das natürliche, wilde Gelände ist nicht grundlos als Naturflächendenkmal gekennzeichnet. Den Ausblick von der überdachten Bank am äußersten Zipfel teilt man hier lediglich mit einigen Rehen. Die ursprüngliche Bestimmung als parkähnliche Sommerresidenz lässt sich noch an einigen Ziersträuchern erkennen, die sich heute zwischen hohe Bäume und Wildwuchs fügen. Zurückzuführen ist die systematische Gestaltung der Flurstücke an der ehemaligen Sandmühle auf den Fabrikanten Arthur William Stärker, der ab 1906 die Aufforstung nach eigenen Entwürfen veranlasste. Schon damals hatte er den Erholungswert im Sinn.
Für alle Kurzentschlossenen und Durchreisenden: Circa zwei Kilometer von der Hauptstraße entfernt, nährt dieser Ort einfach die Seele, auch ganz ohne Picknickkorb. Hier kann man sein Gemüt zur Ruhe kommen und die Sonne durchs Blätterwerk blinzeln lassen, Wolken beobachten, den Singvögeln lauschen, an Apfelblüten schnuppern, sich Kirschen übers Ohr hängen, über Wiesen tanzen und das tiefe Glück spüren.

Stärkerwald, Pawlowstraße, 09117 Chemnitz
www.heimatverein-reichenbrand.de
ÖPNV: Bus 152, 251, Haltestelle Mitschurinstraße, ca. 2000 Meter Fußweg

Kleine Idylle

4 *„Land und Leben Pension" in Röhrsdorf*

Wenn man eine Sache zur Herzensangelegenheit erklärt, dann kann es eigentlich nur gut werden. Das Gästebuch der „Land und Leben Pension" gibt dieser These jedenfalls recht. Dort liest man beherzte Worte von glücklichen Gästen über beseelte Hausherren. 2012 hat sich Jens König einer solchen Herzenssache verschrieben, ein altes Fachwerkhaus aufgemöbelt und zu einem kleinen Juwel der Gastfreundschaft geschliffen. Im Ortskern von Röhrsdorf, das sich trotz Eingemeindung und Autobahnanbindung namensgetreu seinen dörflichen Charakter bewahrt hat, steht sie nun: die „Pension für Ausgeschlafene". Kuschlige Ein- bis Dreibettzimmer beherbergen Gäste und Gemütlichkeit. Jedes für sich mit charmanten Echtholzmöbeln, einem kleinen Bad und dank der Naturlehmwände einem einzigartig wohligen Raumklima ausgestattet. Ob „Klavierzimmer" oder „Dachkammer" – hier macht man Urlaub vom Alltag, lüftet den Geist, atmet mal wieder richtig durch, lässt Ruhe im Inneren einkehren.

Eine Spur, die sich durch das kleine Landhaus von der Eingangstür bis unters Dach zieht, erzählt vom königlichen Händchen in puncto Liebe zum Detail. Eine Bildergalerie hier, ein Lavendelsträußchen da. Bei all der Behaglichkeit könnte man prompt zum Landei werden. Für das liebliche Feeling im eigenen Heim hat Familie König gar ein Lädchen bestückt – zum Stöbern, für Erinnerungsstücke und Licht im Haus sowie im Herzen.

TIPP Fußball-Fans dürften sich mit dem Gastgeber einiges zu erzählen haben.

Der Wintergarten nebenan hüllt sich derweil in den Duft von frisch gebackenem Brot. Am reich gedeckten Tisch zwischen duftenden Blumen fehlt es einem in der Frühstückspension an nichts. Mit Kostbarkeiten aus dem eigenen Garten, fürsorglich und voller Freude bereiten Königs ihren Gästen einen angenehmen Start in den Tag. Wenn es das Wetter hergibt, sogar mit melodischem Wassergeplätscher und einem Platz in der Sonne direkt am Bachlauf. Was für ein Leben! Derartige Genussmomente lassen da auch schon mal einen sonst eher scheuen Zaun(könig)gast vorbeischauen. So viel Herz und Idylle, das kann ja nur gut werden!

Land und Leben Pension, Limbacher Straße 7, 09247 Chemnitz/OT Röhrsdorf, Tel. (0 15 77) 6 20 23 82, www.landundlebenpension.de
ÖPNV: Bus 21, Haltestelle Gemeindepark Röhrsdorf

Schmückende Freude

5 *Bahio Schmuck und Accessoires am Kaßberg*

Hinter großen Schaufenstern erstrahlen sie unter wirkungsvoll gesetzten warmen Leuchten: die Schmuckstücke des Chemnitzer Labels Bahio. Bereits vor dem Laden gelingt es der Inhaberin Christina Gränitz mit einer Handvoll Elementen und natürlichen Farben, den Fokus vom gehetzten Alltagsgeschehen auf ihre Ruheinsel zu richten. Ein Pflanzenarrangement sowie das daran befestigte Schild „Geöffnet" sprechen eine leise und zugleich verlockende Einladung aus. Ein wohlig warmes Gefühl stellt sich spätestens beim Betreten des kleinen Ecklädchens ein. Die Liebe zum Schmuck und Handwerk ist hier auf Anhieb spürbar.

Ebenso wie der Name des Labels sind auch die handgefertigten Schmuckstücke eigene Kreationen; inspiriert von Natur, von Reisen und Kulturen, vom Ort Bahio selbst. Das natürliche Flair des Außeneindrucks setzt sich beim Interieur fort. Stilsicher und harmonisch sind hier schmückende Accessoires auf Kommoden, Zigarrenkistchen, Beistelltischen und in einem liebenswerten Flohmarktkoffer präsentiert. Das Repertoire verschönert von Kopf bis Fuß. Von Ohrsteckern über Ketten, Buttons, Armbänder und Ringe bis zu Fußkettchen findet sich hier, was das Herz begehrt. Dabei sieht die Schmuckgestalterin ihre filigranen Schätze als Vorschläge. Denn alle Schmuckstücke können individuell angepasst und angefertigt werden, um die jeweils persönliche Note zu umschmeicheln.

TIPP Die passenden Textilien im Rockabilly-Look finden sich nebenan bei Suzi Ramone (www.suziramone.de).

Stilistisch finden sich unter den Exponaten dezentere wie auch auffälligere Stücke und ganze Kompositionen – eben so, wie es die jeweilige Tagesform verlangt – zumeist aus Materialien wie Messing, Edelstahl, Holz und Glas. Die Produktpalette erweitert sich dabei stets, nicht zuletzt aufgrund der offenherzigen und liebevollen Beratung zu den Kundenwünschen.

Und nach einem netten Plausch mit Chrisie schnorchelt man wahrscheinlich noch ein Weilchen von einer Ecke zur nächsten, während die lauschige Musik im Hintergrund dieses wohlige Gefühl der Zeitvergessenheit begleitet. Dieser Ort ist Aloe vera für die Seele.

Bahio Schmuck und Accessoires, Limbacher Straße 93, 09116 Chemnitz, Tel. (01 77) 4 64 11 07
www.etsy.com/de/shop/Bahio

ÖPNV: Bus 32, Haltestelle Erzbergerstraße

Nachhaltige Eindrücke

6 *Im Carlowitz Congresscenter*

Wie praktisch, wenn man sich bei Planung und Namensgebung eines neuen Tagungszentrums mit dem Anspruch des nachhaltigen Bauens von einem Vordenker aus der eigenen Region beflügeln lassen kann. Das naturinspirierte, 2020 geweihte Carlowitz Congresscenter im Herzen der Stadt spielte alle Erkenntniskarten aus und gestaltete regelrechte Lernlandschaften. Der bewusste Einsatz von Farben, Formen und Materialien schafft ein offenes Klima, in dem sich kreatives Potenzial entfalten kann. Namenspate Hans Carl wurde 1645 als zweites von 17 Kindern in die Carlowitz-Dynastie geboren und kam durch den Vater Georg Carl auf der Burg Rabenstein schon frühzeitig mit Belangen der Forstwirtschaft in Kontakt. Wie für den Kursächsischen Adel seinerzeit üblich, zog auch H. C. von C. auf „Kavalierstour" und studierte zwischen 1665 und 1669 europaweit die Verknappung der Ressource Holz. In seinem Amt als „Oberberghauptmann" in Freiberg fasste er seine Einsichten in dem 1713 erschienenen Werk „Sylvicultura oeconomica" zusammen. Mit nahezu poetischen Worten würdigte er darin „mater natura", rief dazu auf, „der sonderbaren Wunder-Wercke der Natur nachzudenken" und blieb nicht bei einer theoretischen Betrachtung, sondern fügte konkrete Empfehlungen zum Wandel hinzu. Seine Sätze wie „… an dessen Stelle junges wieder wachsen möge" erinnern seit nunmehr 300 Jahren an die Verantwortung gegenüber den nachkommenden Generationen und haben an Dringlichkeit nichts verloren. Auf dass man „… mit dem Holtz […] pfleglich umgehe".

Im Sinne dieses Erbes taucht man im „Zentrum für Wissen und Gewissen" in die Tiefen philosophischer Fragen und lässt sich wiederum von den räumlichen Bedingungen inspirieren. Feinsinnig konzipierte Seminarräume und Loungebereiche laden mit interaktiven Formaten zum Austausch ein und kreieren über nachhaltige Begegnungen einen Mehrwert in vielerlei Hinsicht. Im begrünten Raum „Lux" sei einem die Horizonterweiterung unter der Glaskuppel jedenfalls sicher.

Carlowitz Congresscenter, Theaterstraße 3, 09111 Chemnitz, Tel. (03 71) 4 50 80
www.carlowitz-congresscenter.de
ÖPNV: Bus 21, 32, 51, 62, 72, 79, Haltestelle Innere Klosterstraße

7 *Die Schilling'schen Figuren in Schloßchemnitz*

Einst zierten die Vier Tageszeiten, eine Figurengruppe von Johannes Schilling aus dem 19. Jahrhundert, die Brühlsche Terrasse in Dresden, bis sie witterungsbedingt durch Bronzeabgüsse ersetzt wurden und die Originale als Schenkung nach Chemnitz kamen. Nach ihrer Station am damaligen Königs-, jetzt Theaterplatz und zwischenzeitlich eingemottet, geleiten die vier Sandstein-Schönheiten nun seit 1936 an den neuen Schloßteichanlagen durch Tag und Nacht. Im Antlitz der Figuren erstrahlen in Sandweiß, jeweils von einem Granitsockel getragen, auf der oberen Ebene linkerseits „Der Morgen", rechts „Der Mittag", stufabwärts zur Linken „Der Abend" und rechter Hand „Die Nacht".
Jede einzelne der Schilling'schen Figuren, wie sie auch genannt werden, besitzt eine ganz eigene Symbolsprache und verrät dem wohlwollenden Blick des Besuchers manch liebsames Detail. So schmückt das Haupt einer weiblichen Gestalt nicht irgendein, sondern der Morgenstern. Weiter erzählt der „Morgen mit Erwachen und Morgentau" davon, wie sich die Wesenheit aus dem Schlafe rekelt, ihr leichtes Gewand lüftet und, von der Nachtruhe gestärkt, den Tag beginnt. Der „Mittag mit Streben und Arbeit" erscheint in männlicher Darstellung. Es wirkt, als habe die Hauptfigur die Lorbeeren, nach denen sich ein Jüngling an seiner rechten Seite sehnend emporstreckt, bereits geerntet. Den Weg zum Ruhm wiederum stellt ein Bub mit Spaten dar. Der „Abend mit Musik und Tanz" widmet sich der Stunde der Muße. Kindliche Erscheinungen umschmeicheln die altväterliche, bärtige Figur und spielen mit Tamburin und Laute auf. In die „Nacht mit Schlaf und Traum" leitet eine fürsorglich wirkende Frauengestalt, die sorgsam ihr wallendes Gewand über einen Jungen legt. Mit ihrem sanftmütigen Blick mutet es an, als ob auch sie den sanften Worten der Gottheit des Traumes lauscht, der sich beiden beflügelt zuwendet. Eine besondere Stimmung strahlen die Vier Tageszeiten auch im Winter aus, wenn sie schützend von Glaskästen eingehaust sind.

Schilling'sche Figuren, Schloßteichstraße, 091113 Chemnitz
ÖPNV: Bus 21, 32, Haltestelle Richard-Hartmann-Platz

In ferne Welten eintauchen

8 *Sinneswelten Hamam & SPA in Schloßchemnitz*

Inspiriert von der eigenen Lust am Reisen und der Liebe zum Beruf hat Blanche Fischer-Hirt inmitten von Chemnitz einen einzigartigen Wohlfühlort erschaffen, der weltumspannende Wellnessrituale vereint und zum Auftanken einlädt. Bereits beim Betreten der „Sinneswelten", begleitet von farbenfroh leuchtenden Lampions als Symbol der vietnamesischen Kultur, zieht es den Besucher in eine andere Welt. Von hier aus ist es nur ein Katzensprung nach Indien, Bali, Thailand und Japan. In den jeweils landestypisch gestalteten Räumen werden Körper, Geist und Seele verwöhnt.

Die eine „klassische" Massage" gibt es im Sinneswelten nicht. Vielmehr hat sich die ausgebildete Kosmetikerin auf ihren Reisen in die Hände ihrer Berufskollegen begeben, neues Wissen und spezielle Techniken mit nach Hause gebracht und ihr ganz eigenes Portfolio entwickelt. Schon die Beschreibungen der Massagen sind eine Wohltat. So erwartet den Gast im kirschblütengetünchten Japanzimmer beispielsweise die durchwärmende „La Stone Massage", während Bali mit weißen und türkisfarbenen Akzenten von Lebensfreude und Leichtigkeit erzählt und zur exquisiten „Holiday-Behandlung" einlädt. Eine Sauna in afrikanischem Ambiente gewährt einem nicht nur einen fantastischen Ausblick auf die wilde Savanne, sondern auch exklusive Zeit für sich allein oder zu zweit.

TIPP Auch in der Wellnesslounge lässt sich bei tropischen Getränken und frischem Obst entspannen.

Mit Hingabe fürs Detail und Wohlbefinden des Gastes sprechen Blanche und ihr Team alle Sinne an. Dank des treffsicheren Gespürs für Harmonie entfalten im „Sinneswelten" sorgfältig gewählte Farben, Düfte, Töne und Produkte ihre Wirkung. Untermalt von orientalischen Klängen führt die Reise weiter zum Herzstück der SPAwelt, dem nach türkischem Vorbild gestalteten Hamam. Ausgestattet mit dem „Pestemal", einem traditionellen Leinentuch, sowie einer goldenen Wasserschale erlebt man in der wohlig temperierten Halle ein Stück orientalischer Badekultur. Umhüllt von Schaum auf dem beheizten Stein liegend, macht der Alltag Pause. Die Sinne hingegen zelebrieren das Leben.

Sinneswelten Hamam & SPA, Schönherrstraße 8 (Gebäude 10a, Eingang K), 09113 Chemnitz, Tel. (03 71) 4 93 81 14
www.sinneswelten-chemnitz.de
ÖPNV: Bus 23, Haltestelle Schönherrpark

Experimentierfreudig

9 *Schreib- und Druckwerkstatt auf dem Sonnenberg*

Wie ein Kindergarten – im besten Sinne – nicht nur einen sicheren Hafen und zugleich Entfaltungsraum bietet, sondern auch die Wiege kreativer Projekte ist, zeigt sich am Beispiel der „PampelMUSE" und ihrem Schützling Schreib- und Druckwerkstatt. Gewachsen unter den Dachschrägen des Kinderhauses, zogen Jule Winkler und Nora Friedrich mit ihren geliebten Schreibmaschinen 2020 in den neu erschlossenen Kreativhof auf dem Sonnenberg. Dort ging es in Powerfrauen-Manier ans Eingemachte. Wände wurden abgetragen, alte verborgene Gebäudestrukturen ausgegraben und neu in Szene gesetzt. Nach den Umbauarbeiten fügt sich der Kreativ-Hotspot nun in das lauschige und ebenso schöpferisch-explosive Umfeld der „Stadtwirtschaft". Der Charme des Altbaus spielt in den Werkstatträumen mit leichtfüßigen Holzelementen, bunt zusammengewürfelten Stühlen, wuchtigen Grafikschränken und großen Monstera-Blättern Haschen.
Vielleicht ist es diese Kombination, die solch eine behagliche Atmosphäre zaubert. Ganz sicher ist jedoch, dass die Luft durch die herzliche Art der beiden Frauen mit Wertschätzung, Freude, Fantasie und Eintracht angereichert ist. Ihren Berufungen als Sozialpädagogin und Illustratorin gehen die beiden mit Leib und Seele nach und ergänzen einander auf wundervolle Weise. In den Genuss dieses ERIKA-e.-V.-Dreamteams kommt man im Rahmen von offenen Werkstätten oder Workshops. Dann knistert es förmlich im Gefilde. Ideen tanzen im Raum, werden betrachtet, eingefangen und in Sichtbares umgewandelt. Hierfür darf auf verschiedenste Materialien zurückgegriffen werden. Angefangen von Grafitstiften über Tusche samt ausgefallenster Schreibgeräte bis hin zur namensgebenden Schreibmaschine Erika. Ebenso die Linoldruckplatten sind keinesfalls nur Deko, sondern dürfen mit Linolschnittwerkzeug zu Druckstöcken verwandelt werden. Gedruckt wird natürlich auch. Und am Ende blickt man auf eine Postkarte oder gar ein Buch, hält ein ganz persönliches Unikat in den Händen und hatte hier eine richtig gute Zeit.

Schreib- und Druckwerkstatt, Jakobstraße 46, 09130 Chemnitz, Tel. (01 76) 69 77 68 07
www.erika-ev.de

ÖPNV: Bus 82, Haltestelle Zietenstraße; Tram 5, Haltestelle Tschaikowskistraße

Rosige Aussichten

10 *Der Rosengarten im Stadtpark in Kapellenberg*

Das Kleinod „Stadtpark“ erstreckt sich auf ausgedehnten sechs Kilometern am Chemnitzufer entlang. Seine Anfänge reichen in das 18. Jahrhundert zurück. Zunächst als kleiner privater Park angelegt, wuchs das Bestreben des damaligen Bürgermeisters und Eigentümers der „Sachses Ruhe“, diesen Ort auch den Bürgerinnen und Bürgern seiner Stadt zugänglich zu machen. In dieser Tradition wurden über die Zeit weitere Flächen gestiftet, angelegt sowie ausgebaut und bis Mitte des 20. Jahrhunderts durch den Ankauf zusätzlicher Grundstücke bis zur heutigen Ausdehnung erweitert.
Hier im Rosengarten, zwischen Otto-Werner-Garten und Voigtscher Park, legt das Rauschen des Wassers einen akustischen Kaschmirmantel über den Straßenverkehr. Berauschend wirkt zudem die farbenfrohe Blütenpracht der liebevoll gepflegten Anlage. In allen erdenklichen Rottönen und von Pfirsichfarben bis Zartgelb gedeihen Röschen im der Sonne zugewandten Garten. Elf Rundbögen säumen eine zierliche Bronzeplastik des Bildhauers Harald Stephan. Die Analogie zum botanischen Spiel von Zerbrechlichkeit und Willensstärke in Symbolik der Rosen könnte kaum besser verkörpert sein. Umgeben von Buchenhecken scheint hier eine andere Zeitrechnung zu gelten. Die Hektik bleibt draußen, der Fokus wandert nach innen.
Aufgetankt, sich seiner eigenen Sensibilität und Stärke bewusst, gelangt man, der Promenade flussaufwärts folgend, in den belebteren Teil des Stadtparks. Juchzende Kinder düsen dort mit ihren Rädern in Richtung Spielplatz, Familien genießen ihre gemeinsame Zeit auf Picknickwiesen, ältere Herren schmökern in ihrem Buch oder verweilen friedvoll mit ihrer Wegbegleiterin am Stadtparkteich, wo alte Weiden mit ihrem dichten Blättervorhang das Wasser streifen. Immer wieder entdeckt man kunstvoll geschnitzte Pilze, die wie zum Schein aus der Erde sprießen. Neben zahlreichen Bänken laden zudem fantasievolle Baumgebilde zum Innehalten ein. Für alle und jeden bietet dieses grüne Fleckchen eine freudige Pause vom Alltag.

Rosengarten im Stadtpark, Heinrich-Lorenz-Straße, 09120 Chemnitz
ÖPNV: Bus 52, Haltestelle Kauffahrtei

Auf Welle Sieben

11 *Im Dreamers Café am Brühl-Boulevard*

Ein die Seele streichelnder Urlaubstag an der See, die Sonne im Herzen, getragen von einem unbeschwerten Gefühl, voll der Offenheit und Leichtigkeit. In dieser Weise umschmeicheln Farbkomposition und Atmosphäre das Gemüt im Dreamers Café.
Vor hellen Wänden setzen türkise Elemente erfrischende Akzente. Als Übergangsfarbe zwischen Blau und Grün verbindet es deren Qualitäten und erzeugt eine entspannende und zugleich belebende Wirkung. Hinzu kommen hölzerne und beigefarbene Details, die die zwischenmenschliche Wärme verstärken. Ausgewogen ist hier jedoch nicht nur das Spiel der Farben. Ebenso harmonisierend geht es auf der Menükarte zu. Von visionären Frauen ins Leben gerufen, kommen im Dreamers erlesene Zutaten und Rezepturen auf den Tisch und in die gemütlichen Sitznischen. Entsprechend ihrer Maxime einer vitalen Ernährungsweise verwenden die „Dream Girls" ausschließlich unverarbeitete, frische Bioprodukte sowie natürliche Süßer und wissen stets um die Herkunft ihrer Zutaten. Was sie daraus zaubern, sind schmackhafte Kunstwerke! Weiter mit dem ganzheitlichen Ansatz versorgen die Eigenkreationen des kleines Cafés Körper sowie Seele und sind darüber hinaus auch fürs Auge ein Genuss. Beinahe zu schade zum Anbeißen. Bisher konnte dieser Versuchung allerdings niemand widerstehen. Neben traumhaften Kuchen, Tartes und Brownies wetteifern Bowles, Salate und Sandwichs um die Entscheidungsgunst der Gäste. Dazu gibt es frisch gepresste Säfte, Schorlen und Tee- sowie Kaffeespezialitäten der Baristi. Zum entspannten Feeling gesellen sich good vibes, wenn Körner, Kerne und Samen als Topping auf der „Dreambowl" wie Konfetti gute Laune in den Moment tüpfeln. Vor dem Hintergrund der maritimen Wandbemalung und mit dem „Green Wave" in der Hand, einem Cocktail aus Zucchini, Apfel, Sellerie und Limette, vermag man fortan auf Welle Sieben durch den Tag zu surfen. Das Dreamers ist ein wunderbarer Ort zum bewussten Genießen – im behaglichen Café oder auf der herrlichen Sommerterrasse.

TIPP

Dem Leben und seinen Köstlichkeiten verleihen die Dreamers Würze mit Ingredienzien von „Direkt vom Feld".

Dreamers Coffee & Wholefood, Brühl 73, 09111 Chemnitz, Tel. (03 71) 45 86 82 77
www.dreamers-cafe.de

ÖPNV: Bus 23, 51, 79, Haltestelle Müllerstraße

Den Kopf in den Wolken

12 *Kulturensemble am Theaterplatz*

Obwohl der Theaterplatz, gute fünf Fußminuten vom Stadtkern entfernt, eine Fülle kultureller Perlen von Chemnitz vereint, ist es einem des Öfteren vergönnt, allein über ihn zu schlendern und dabei die einzigartige Kulisse für ein paar Momente ganz für sich zu genießen. Dann vermag man unbeobachtet von Viereck zu Viereck zu hüpfen, beinahe als würde man auf Wolken tanzen. Majestätisch erheben sich ringsherum die neogotische Petrikirche, das Opernhaus sowie das König-Albert-Museum. Letzteres beherbergt einen Teil der Kunstsammlungen Chemnitz und damit eine Schatzkiste weltbekannter Motive wie das „Segelschiff" von Caspar David Friedrich oder expressionistische Werke der Künstlergruppe „Die Brücke".

Keinesfalls weniger spannend geht es auf und hinter den Bühnen im Opernhaus nebenan zu. Oper, Ballett, Philharmonie und Chor bieten in der Hauptspielstätte der Theater Chemnitz ein erstklassiges Programm. Ansprechend und vielseitig gestalten sich die Sommermonate ebenfalls auf dem Vorplatz. So trafen sich hier 2013 nicht nur unzählige Orchester aus ganz Deutschland und Europa zum 5. Deutschen Musikfest. Auf Einladung eines lokalen Bündnisses wurde sich am Theaterplatz auch schon zum kollektiven Grillfest verabredet. Vor dieser beeindruckenden Szenerie locken in der Open-Air-Saison außerdem die Chemnitzer Filmnächte zu Konzert, Klassik und Kino unter Sternen. Über die Leinwand flimmern dann handverlesene Streifen, aktuelle Produktionen und Filme mit Kultstatus. Auf die Dirty-Dancing-Nacht mit anschließender Tanzparty im benachbarten Hotel Chemnitzer Hof fiebern nicht nur eingefleischte Fans hin.

In den Monaten mit tieferem Sonnenstand kann man von dessen Restaurant mit seinem großzügigen Ausblick durch Panoramafenster in den Abendstunden zudem Zeuge eines ganz anderen Schauspiels werden: wenn die goldene Himmelskugel den verglasten Teil des Daches vom gegenüberliegenden König-Albert-Museum durchflutet und den Blick sanft zur farbenprächtig beleuchteten Eingangsempore überleitet.

Theaterplatz, Theaterplatz 1, 09111 Chemnitz

ÖPNV: Tram 3, 4, 6; Chemnitz Bahn C11, C13, C14, C15, Haltestelle Theaterplatz

WE
C

Luftig-leichte Begegnungen

13 *Das Tropenhaus im Botanischen Garten*

„Musa x paradisiaca" – das klingt nicht nur paradiesisch, sondern stellt zugleich einen kleinen Vorgeschmack auf diesen Glücksort dar. Zwar darf von den nächsten Verwandten der Musa velutina, einer Bananenpflanzenart und deren Sorten, nicht genascht werden, einen interessierten Blick ist sie aber allemal wert. Mit weiteren bekannten und weniger geläufigen Vertretern der Nutzpflanzen reiht sie sich in ein Meer der Grüntöne.

Im Tropenhaus lernt man das Staunen (neu), wenn die Blicke von einer außergewöhnlichen Blattform zur nächsten, von dem einen zarten Mai- zum benachbarten Smaragdgrün und weiter zu einem kräftigeren Moosgrün wandern und die Vielfalt der Flora augenscheinlich wird. Bei einer Luftfeuchtigkeit um die 70 Prozent halten riesige Palmenblätter schützend ihren Schirm über den Steinplattenweg, während einzelne Wassertropfen sanft von einer Blattschicht zur nächsten heruntertröpfeln. In ihr Konzert stimmen die kleinen Pfeiffrösche ein, die neben Basilisken, Geckos, Wasseragame und Straußwachtel-Pärchen frei im Tropenhaus umherwandeln. Lässt man sich auf der Holzbank an der Stirnseite nieder und auf den Genuss von Klima, Akustik und Pflanzenensemble ein, lunzen die meisten der Bewohner von ganz allein aus ihren Verstecken hervor.

Temporärer Besuch zieht jedes Frühjahr mit der Eröffnung der Ausstellung „Fliegende Edelsteine" in die grüne Kulisse ein. Dann macht man Bekanntschaft mit Schmetterlingen aus aller Herren Länder. Viele verschiedene Arten aus den tropischen Gebieten von Afrika, Asien, Australien sowie Nord- und Südamerika vollführen das Schauspiel ihrer Metamorphose und verzaubern als Schmuckstücke der Lüfte. Es ist für den Besucher ein beflügelndes Erlebnis, wenn sich eines der fragilen Geschöpfe auf ihm niederlässt und seine Flügel mit langsamen Schlägen zur Schau stellt. In Anbetracht des flüchtigen Moments mag einen so manche philosophische Frage aufsuchen. Nicht zuletzt ist es mit Schmetterlingen wie mit dem Glück. Wenn wir innehalten, lässt es sich auf uns nieder.

Botanischer Garten, Leipziger Straße 147, 09114 Chemnitz, Tel. (03 71) 4 88 67 67
www.fv-boga-chemnitz.de
ÖPNV: Bus 21, Haltestelle Botanischer Garten

Herzerfrischend

14 *Die Sandsteigoase in Rabenstein*

An einem äußerst unscheinbaren Wegesrand nebst einem verschwindend kleinen Bächlein gedeiht in Niederrabenstein, dem unteren Teil des 1950 eingemeindeten Stadtteils, ein Herzensprojekt. Initiiert von drei jungen Frauen, die die Zeit mit ihren Kindern gerne im Grünen verbringen. Vielleicht auch von jungen Frauen, deren Kinder gerne die gemeinsame Zeit im Freien verleben. Ganz gleich – wenn man „Klein“ und „Groß“ zusammen an diesem lieblichen Fleckchen Erde erlebt, ist klar – alle sind beseelt davon. Angetreten sind Andrea, Josephine und Ulrike mit dem Wunsch, ihr Wohnumfeld zu gestalten und darüber hinaus auch anderen eine Freude zu bereiten. Seitdem lädt eine kleine Sitzgruppe zum Verweilen ein. Schon mit dieser vermeintlich einfachen Interaktion ist es den Dreien gelungen, Nachbarn und Durchreisenden die Augen für diesen schönen Platz am Rabensteiner Dorfbach zu öffnen.
Im Wandel der Jahreszeiten kann man hier, von Ästchen und Blattwerk behütet, mehr oder weniger versteckt die Seele baumeln lassen und dem Wasser beim Plätschern zuhören. Dabei ist es unausweichlich, immer wieder neue Details zu entdecken – seien es Feinheiten der Natur oder auch künstlerisch eingebrachte Akzente. Wie zur Frühlingsblüte sprießen stets frische Ideen in den Köpfen der Rabensteinerinnen und zugleich liebenswerte Aktionen rund um die alte Brücke. An manchen Tagen wehen poetische Transparente im Wind, oder es liegen gute Wünsche zum Mitnehmen bereit. Ein anderes Mal sind es Schätze des eigenen Hausstandes, die den Besitzer wechseln dürfen. Humorvolle Highlights wie die Gummistiefel-Verleihstation oder ein Flaschenzug mit Blecheimerchen an der Brücke lassen nicht nur Kinderherzen vor Freude hüpfen. Gründe zum Schmunzeln oder zu angeregter Gedankenbewegung gibt es zahlreiche und der Ideenfundus ist längst nicht erschöpft. Man kann sagen, die Sandsteigoase bietet Erfrischung im Alltag und schärft die Sinne für Unscheinbares. Heute mal die Samen betrachten und deren Potenzial erkennen?

Sandsteigoase, Sandsteig zwischen Hausnr. 7 und 13a, 09117 Chemnitz
ÖPNV: Bus 32, Haltestelle Felsendome

SANDSTEIGOASE
LEITUNG
ZUR
chtsam
keit
URCHATMEN
BE FÜHLEN
LÄCHELN

Künstlerisches Raumwunder

15 *Die „Neue Sächsische Galerie" im Zentrum*

Eine Kunstform, um Kunstwerke sichtbar zu machen. Ein Ort der Stille und zugleich in direkter Nachbarschaft zum zentralen Umschlagplatz der Stadt. Hochpreisig gehandelte Exponate und angeleitete Betrachtungen vom Hosenboden aus. Komplexität und Einfachheit. Licht und Schatten. Schatten und Licht. Die Neue Sächsische Galerie führt zusammen, was auf den ersten Blick unvereinbar erscheint. Das Team um Galeriedirektor Mathias Lindner weiß um diese Ambivalenzen und versteht es, mit Feinsinn den Drahtseilakt der Polaritäten zu beherrschen. Auf dem konisch geschnittenen Grundriss haben sie ein System entwickelt, welches die Fläche in Räume verwandelt, Nischen schafft und daher allein von seiner Grundausstattung her zu jeder Ausstellung ein neues Erscheinungsbild präsentiert. Im Kontrast zu den klaren Strukturen verweist das halbrunde Fenster mit strahlenförmiger Verstrebung im linken Flügel der Galerie auf dessen Einbettung im Kulturdomizil TIETZ.
Eine stete Größe ist darüber hinaus der Leseplatz. Von diesem erhöhten Sitzplatz aus kann man nicht nur direkt in die Bibliothek zur Kunstgeschichte greifen, sondern hat auch einen fantastischen Blick in den Raum hinein. An dem eigens gezimmerten Tresen wird klar, weshalb die Macher der „NSG" selbst wahre Beleuchtungskünstler sind. Wie ein natürliches Leitsystem führen die Spots intuitiv von Werk zu Werk und rücken diese dabei, auf den Punkt gebracht, ins richtige Licht, um feinste Nuancen herauszuarbeiten. Den unmittelbaren Draht zur gezeigten Kunst schafft außerdem der Probiertisch. An diesem werden ausstellungsgemäß Material und Werkzeug angeboten und zum eigenständigen Erkunden eingeladen. So taucht man zum Beispiel zarte Pinselborsten in ein kräftiges Ultramarin und beobachtet, wie sich die Farbpigmente auf der Nass-in-Nass-Technik austoben. Oder untersucht die Beschaffenheit verschiedener Papiere sowie ihr Verhalten zu Stempelfarbe. Sieht nach Glück aus – dieses zaghafte, leise, mutige und sinnliche Experimentieren.

TIPP Nach der Motivwahl zieht mit der Eintrittskarte direkt ein kleines Kunstwerk ins Portemonnaie ein.

Neue Sächsische Galerie im TIETZ, Moritzstraße 20, 09111 Chemnitz, Tel. (03 71) 3 67 66 80
www.nsg-chemnitz.de

ÖPNV: Bus, Tram, Chemnitz Bahn diverse Linien, Haltestelle Zentralhaltestelle

Der Frische-Kick

16 *An Brücke und Wassertretbecken in Einsiedel*

Im Zentrum der Ortschaft Einsiedel, auf Höhe des um 1900 erbauten Rathauses, spannt eine Brücke ihren in Weiß, Gelb und Blau gehaltenen Bogen über den Zwönitz-Fluss und schmiegt sich wie als Himmelspendant in die Landschaft zwischen Blatt- und Fachwerk der urigen Gemeinde. Erreichbar ist sie von zwei Seiten; ein Zugang befindet sich gleich neben dem alten Rats- und Postamt. Während im Hintergrund nur ein Holzhacken zu vernehmen ist, lassen sich im Raunen der Zwönitz die Gedanken sortieren und Beschwerendes einfach dem Lauf des Flusses übergeben.

Sofern man beschließt, noch ein wenig mehr dem Element Wasser zu frönen, könnte man von hier aus dem Wanderweg um die Talsperre folgen oder dem Wassertretbecken einen Besuch abstatten. Letzteres wurde schon vor über 20 Jahren vom umtriebigen Ortschaftsrat angelegt und wird bis heute in Schuss gehalten. Am sternenförmigen Zusammenkommen verschiedener Waldrouten an der verlängerten Niederwaldstraße läuft aus einem geschnitzten Baumstumpf frisch abgezapftes Waldwasser. Dessen Zulauf schlängelt sich zwischen Farnen und Gräsern in Richtung Zwönitz. Ein Ablauf am Becken sorgt dabei für beständigen Austausch der Wassermengen, und selbstredend ist auch an eine Infotafel mit einigen Hinweisen zur Kneipp'schen Wasseranwendung gedacht worden.

Die im Selbstversuch gesammelten Erkenntnisse Sebastian Anton Kneipps führten zu einer breiten Palette an Behandlungsformen, die er in seinem Werk „Meine Wasserkur" im Jahre 1886 zusammenführte. 2015 erklärte die deutsche UNESCO-Kommission Kneippen gar zum immateriellen Kulturerbe. Beim Storchengang im kühlen Quell in Einsiedel kann man jedenfalls schon mal testen, ob man sich mit allen Wassern gewaschen fühlt. Darüber hinaus bietet das Umfeld einen inspirierenden Ausgangspunkt, um sich intensiver dem Zusammenspiel von Körper, Geist und Seele zu widmen sowie tiefer in die Materie rund um Wassertherapie einzutauchen.

- **Brücke hinterm Rathaus Einsiedel, Einsiedler Hauptstraße 79, 09123 Chemnitz**
- **ÖPNV: Bus 76, 208, 235, Haltestelle Rathaus Einsiedel, zum Wassertretbecken ca. 1500 Meter Fußweg**

Qualitätsversprechen

17 *Kaffeerösterei Bohnenmeister in Altchemnitz*

Dort, wo schon von Weitem gut sichtbar der EUROPA-Schriftzug leuchtet und der alte Uhrenturm mit seinem goldenen Ziffernblatt in die Lüfte ragt, vereinen sich Vergangenheit, Gegenwart und Zukunft. Auf dem denkmalgeschützten Areal des Wirkbaus, einst Deutschlands größte Stätte der Textilmaschinen, hat sich heute eine heterogene Unternehmerlandschaft angesiedelt, ein Heimathafen für allerhand innovative Ideen.

Am Fuße des 63 Meter hohen Klinkerturms hat Matthias Dallinger ein Zuhause für seine Passion und Visionen gefunden. Gemeinsam mit seinem internationalen Team betreibt er in der ehemaligen Werkhalle eine Kaffeerösterei. Der kleinen Bohne wird dabei höchste Achtung gezollt und Kaffeegenuss als Zeremonie verstanden.

Vor einer kompetenten Beratung stehen jedoch verantwortungsbewusste Kooperationen mit Kaffeebauern in Lateinamerika, Afrika und Asien, nachhaltige Transportlösungen und ein reicher Erfahrungsschatz im Umgang mit dem Handwerk des Kaffeeröstens. Im schonenden Langzeitröstverfahren werden die Bohnen vor Ort im eigenen Trommelröster veredelt.

TIPP Auf den Geschmack gekommen? Nachschub des Qualitätskaffees gibt's im Onlineshop.

Über der Röstmaschine schlummert noch die original erhaltene Kranbahn, und auch im übrigen Teil der Location geht das abgestimmte Interieur eine spannende Symbiose ein. An Werkbänken nachempfundenen Tischen darf sich niedergelassen werden, um sich bei entspannter Hintergrundmusik auf die Gaumenfreude einzustimmen. Eine der stilsicher gestalteten Tafeln über dem Tresen erklärt derweil die jeweilige Rezeptur von Latte Macchiato, Cappuccino oder einem Americano. Für fortgeschrittenere Kaffeekenner und Baristi hält die Rösterei zudem ausgewähltes Equipment für die Handzubereitung daheim bereit. Innerhalb der Szene fachsimpelt man dann über Kaffeemühlen, Mahlgrad und Extraktionszeit. Doch zurück zum gegenwärtigen Augenblick. Dann wird die frisch zubereitete Tasse des flüssigen Glücks in ihrer speziellen Note zusammen mit Konditoreibackwaren zum Genussmoment.

Kaffeerösterei Bohnenmeister im Wirkbau, Gebäude F, Zugang über Lothringer Straße 11, 09120 Chemnitz, Tel. (03 71) 23 52 86 37, www.bohnenmeister.de

ÖPNV: Bus 52, Haltestelle Lothringer Straße

Anrührende Geschichten

18 *Beim Filmfestival SCHLINGEL*

Zunächst begann alles ganz klein, als der Sächsische Kinder- und Jugendfilmdienst e. V. 1996 gerade mal eine Handvoll auserwählter Filme für junges Publikum auf die Leinwand schickte. Stets mit vollem Einsatz für das Genre Kinderfilm ist der SCHLINGEL über die Jahrzehnte zu einem der bedeutendsten internationalen Kinder- und Jugend-Filmfestivals herangereift und verwandelt Chemnitz jährlich eine Woche lang zum Zentrum von Kinofreu(n)den. Dann schlendern unzählige Filmbegeisterte, Filmschaffende, Darsteller und Jurymitglieder über den samtigen Kinoteppich. Auch wenn das Festival den Kinder- und Jugendfilm bedient und würdigt, gibt es keine Altersbeschränkung, schließlich richtet sich das Filmevent explizit ebenso an Junggebliebene.

Nicht zuletzt behandeln die sorgfältig ausgewählten Streifen Themen, die die Welt bewegen. Mit Raffinesse, Witz und Feinfühligkeit gehen die teils dichterisch anmutenden Titel kindlichen Perspektiven auf den Grund und sind dabei auch für vermeintlich Erwachsene bewegend lehrreich. Filmbesprechungen, Podien mit Fachwelt und Filmemachern sowie Preisverleihungen gestatten Einblicke hinter die Kulissen und runden die Vorführungen ab. Zum Erlebnis wird der Kinobesuch während der SCHLINGEL-Festwoche insbesondere durch seine Internationalität. Das Programm verbindet in Kategorien wie „Panorama“, „Blickpunkt Deutschland“, „Kurzfilm“ oder „Animation“ die Kontinente wie kein anderes. Immer wieder feiern Produktionen aus aller Herren Länder ihre Weltpremiere in Chemnitz, öffnen Fenster in ferne Kulturen und lassen die Kinobesucher in andere Welten eintauchen. Dabei flimmern die Filme in Originalsprache über die Leinwand; Deutschsprachige mit englischen Untertiteln, andere Sprachen werden live im Saal stimmungsvoll von Einlesern synchronisiert. Man könnte die bekannte Stecknadel zu Boden fallen hören, wenn die jungen Protagonisten aus England in „The Secret Garden“ dem Magischen begegnen und tiefsinnige Dialoge führen. Das ist Kino im besten Sinne.

TIPP In Chemnitz schlingelt es stets im Oktober, eine Woche vor den sächsischen Herbstferien.

Kinderfilmhaus – Sächsischer Kinder- und Jugendfilmdienst, Neefestraße 99, 09119 Chemnitz, Tel. (03 71) 4 44 74 44, www.ff-schlingel.de

ÖPNV: Bus 23, Haltestelle Richard-Wagner-Straße

SchLingel
Australien Belarus Belgien Bolivien Bosnien & Herzegowina Brasilien Bulgarien China
Finnland Frankreich Georgien Griechenland Großbritannien Hong Kong Indien
Kasachstan Katar Kolumbien Kroatien Kuba Kurdistan
seeland Niederlande Nordirland Nordkorea Norwegen
Italien Japan Kanada
Mexiko Mongolei Neu-

Weisende Jakobsmuschel

19 *Wegmarkierung zu Füßen der Jakobikirche*

Man muss schon gezielt Ausschau halten, um den blau angemalten Stein mit der gelben Symbolik darauf im Meer der Bodenplatten vor der Jakobikirche im Zentrum der Stadt aufzuspüren. Manch einer mag ihn gar erst beim Stolpern über den unebenen Untergrund zu Gesicht bekommen haben. Einmal entdeckt, kann man sich seiner Faszination jedoch kaum noch entziehen. Die darauf abgebildete Jakobsmuschel ist nicht nur Erkennungszeichen, sondern ebenso Wegweiser für Pilger aus aller Welt, die auf dem ausgedehnten Streckennetz durch ganz Europa unterwegs sind. Und so führt der Sächsische Jakobsweg, als eine dieser Teilstrecken, auch durch Chemnitz.

Entlang ehemaliger Handelsrouten haben sich bereits im Mittelalter, damals noch vorrangig aus religiösen Gründen, Pilger auf Wallfahrt in Richtung Santiago de Compostela im Nordwesten Spaniens begeben. Heute sind die Motive vielfältig(er), und im Mittelpunkt steht der Gedanke „Der Weg ist das Ziel". Doch nach wie vor führen alle Routen nach Galicien, wie es auch die Muschel mit ihren Strahlen darstellt. Die lokale Anwendung als Richtungspfeil sollte man jedoch genau studieren, nicht zuletzt an der asturisch-galicischen Grenze wechselt die Markierung plötzlich die Ausrichtung.

TIPP Was es mit dem Pilgerausweis auf sich hat, erfährt man an der Stempelstelle in der Jakobikirche.

Durch Chemnitz führt der Jakobsweg von Euba über den Zeisigwald im Nordwesten der Stadt, über den Sonnenberg ins Zentrum und, nach Süden auslaufend, durch den Stadtpark bis nach Klaffenbach. Um der Mystik und dem Feeling des Pilgerdaseins im Sinne von Suche und Selbsterfahrung auf die Spur zu kommen, sei auf eine Legende hingewiesen, nach der ein Pilger am Ende seiner Reise am Kap Finisterre ein Kleidungsstück verbrennen, im Meer baden und sich schweigend den Sonnenuntergang ansehen soll. Auch wenn zwischen dem Jakobikirchplatz und dem Sehnsuchtsort in Galicien je nach Route mehr als 3000 Kilometer liegen, lässt sich doch bereits an dieser kleinen Wegmarkierung im Herzen von Chemnitz erahnen, welch lebensverändernde Kraft eine solche Reise haben kann. Buen Camino!

Jakobikirche, Innere Klosterstraße, 09111 Chemnitz
www.saechsischer-jakobsweg.de
ÖPNV: Bus 21, 32, 51, 62, 72, 79, Haltestelle Innere Klosterstraße

RATHAUS

Von Werten und Visionen …

20 *Das Walden Basecamp in Euba*

Welch wertvoller Erfahrungsraum sich hinter der großen Holzpforte – draußen vor den Toren der Stadt – verbirgt, lässt sich trotz der stetig voranschreitenden Außengestaltung des Geländes kaum erahnen. Dafür darf man schon ein wenig tiefer in die Materie eintauchen! Entsprechend lohnt sich ein Blick hinter die Kulissen, der sogar transformierende Anregungen bieten kann.

Hier draußen, im Grünen, hat das Team des Walden e. V. sein Basislager aufgeschlagen und damit eine lauschige Oase geschaffen, einen Ruhepol fernab urbaner Hektik. So schön ursprünglich und zugleich mit Herz, Hand und Verstand weiterentwickelt. Balance und natürliches Wachstum werden an diesem Ort großgeschrieben und berücksichtigen ganz unterschiedliche Ebenen. Sie beziehen sich auf innere wie äußere Prozesse, Geben und Nehmen, Individuen, Gruppen, Mensch und Natur …

Sensibel für diese Dynamiken begleitet Walden Kinder, Jugendliche und Erwachsene entsprechend ihrer jeweiligen Lebenswelt ein Stück des Weges im Rahmen erlebnispädagogischer Angebote und initiatorischer Prozessbegleitung. Ein geeignetes Einfallsportal, um das harmonische Zusammenspiel von Konzept, Gelände und Kollektiv kennenzulernen, sind die Dienstagnachmittage von O bis O.

TIPP Die sorgsam behüteten Walden-Bienen kreieren vor Ort feinsten golden schimmernden Honiggenuss.

Von Ostern bis Oktober lädt das Walden-Team Interessierte zum „Open Basecamp“ ein. Auf dem 11.000 Quadratmeter umfassenden Areal darf es dann aktiv an Slackline, Kastenturm, Skaterrampe oder Pfeil und Bogen zugehen. Aber auch der genüssliche Aspekt wird bedient, sei es mit Pizza aus dem Lehmofen oder bunter Pfanne von der Feuerstelle. In der Verbundenheit der Gemeinschaft oder bei einer Hängematten-Auszeit im verträumten Birkenwäldchen – das Basecamp bietet eine wohltuende Insel, um sich mal auszuhängen, zu verorten und dem Ruf des Herzens zu lauschen. Und bei Bedarf findet man hier ein aufgeschlossenes Gegenüber, das mit fein gewählten Impulsen dabei unterstützt, den inneren Kompass neu auszurichten.

Walden Basecamp, Eubaer Straße 233, 09128 Chemnitz
www.abenteuer-walden.de
ÖPNV: Bus 83, Haltestelle Euba, Am Lehngut

Meerblick und Mehrblick

21 *Im Restaurant Miramar in Schloßchemnitz*

Miramar – heißt so viel wie „schau das Meer“ und spielt mit dem klangvollen Namen auf die exponierte Lage des Restaurants mit Blick zum Schloßteich an. Ein paar Schwarz-Weiß-Aufnahmen und gerahmte Postkarten zeugen noch vom einstigen „Schloß Miramar“, schon um 1900 herum ein beliebtes Ausflugsziel. Und auch heute noch wissen die Gäste die Aussicht vom „Balkon von Chemnitz“ zu schätzen. Erobern lässt sich die Veranda des Schloßbergs auf verschiedenen Wegen: einen steten Anstieg mit kleinen Treppenabsätzen empor, durch den Park mit Brunnenanlage oder über 65 ½ Stufen zwischen Rosensträuchern und Kunstplastiken.

Ebenso weiß das Miramar die Herzen auf vielfältige Weise für sich zu gewinnen. Angefangen beim Gastraum „Alt-Miramar“, der mit den betagten Deckenventilatoren nostalgische Emotionen auffrischt, oder der „Alten Scheune“, in dessen rustikalem Ambiente das bewegliche Buffet zur unbeobachteten Jagd nach Leckerbissen verlockt. Kinderleicht, -freundlich und humorvoll gelingt es dem Miramar-Team, Althergebrachtes mit modernen Elementen zu verknüpfen. Von dieser Kunst zeugen ebenfalls der Wintergarten sowie die maritime Stube „Me(h)erblick“. Auf der Zunge zergeht dort nicht nur der schöne Name. Qualität in all seinen Facetten steht hier täglich auf der Karte. Seine Expertise und Gastlichkeit stellt das internationale Team mit Liebe zum Beruf auch bei einer der zahlreichen Veranstaltungsformate mit Pianoklängen oder heiterer Lesung unter Beweis. Besonders wenn die Open-Air-Saison das lebendige Rauschen der Gastronomie in den Biergarten zieht, wünscht man, der gesellige Sommerabend unter den großen Sonnenschirmen möge nie enden. Selbstredend lohnt ein Besuch genauso vor Sonnenuntergang. Vor allem wenn man ein Plätzchen unter den prächtigen Kastanienbäumen erwischt und sich, mit Blick zum entspannten Treiben am Teichidyll unterhalb, die gutbürgerliche Küche munden lässt. Das Miramar versteht sich selbst als ein „Ort für alle“, Mehrblick auf kühles Nass und Detailreichtum inklusive.

Restaurant Miramar, Schloßberg 16, 09113 Chemnitz, Tel. (03 71) 3 30 15 21
www.miramar-chemnitz.de
ÖPNV: Bus 79, 82, Haltestelle Hechlerstraße

RAMAR

Genuss in allen Facetten

22 *Das malerische Wasserschloss in Klaffenbach*

Kaum ein anderer Ort vereint Grazie und Fantasie so gekonnt wie das kleine Renaissance-Schloss im Chemnitzer Süden. Als ob einem Märchen entsprungen, thront das „Wasserschloss Klaffenbach" majestätisch und kindlich zugleich auf seinem Sockel. Umgeben von einem Wassergraben und nur über eine steinerne Brücke erreichbar, winden sich verspielt die Kielbogengiebel in den Himmel. Kein Wunder, dass sich eine Außenstelle des Standesamtes in den geschichtsträchtigen Mauern niedergelassen hat. Auf vier Etagen finden Ausstellungen, Messen sowie Festlichkeiten und Tagungen ein besonderes Ambiente. Kulturell bespielt wird in der Freiluftsaison des Weiteren auch der Schlosshof, welcher u-förmig vom ehemaligen Rittergut umwoben wird. In diesem Gebäudekomplex lässt es sich fantastisch schlemmen und feiern, bis man im benachbarten Hotel die Füße hochlegt. Im Atelierhaus laden Kunsthandwerker in ihre Werkstätten und Verkaufsräume ein. Von sinnlich duftenden Kerzen bis hin zu malerischen Glas- und Porzellanobjekten wird man in vielfältigen Workshopangeboten zudem auch praktisch an die verschiedensten Materialien und Techniken herangeführt.

TIPP Qualitäten des Schlosses wie Historie, Kunst und Kulinarik nehmen spezielle Führungen in den Blick.

Nach diesen die Sinne umschmeichelnden Eindrücken lockt ein kleiner Torbogen im starken Gemäuer in den angrenzenden Park. Hier heißt es: „A.I.A." – Atmen, Innehalten, Auftanken. Ein Schlendern über das sorgfältig gestaltete Areal lüftet den Geist. Außerhalb der Schlossmauern ziehen Golfprofis ihre Caddys über den gepflegten Rasen, hüpfen Kinder über Wiesen und Abenteuerspielplatz. Pferde vom nahe gelegenen Hof klacken mit ihren Hufen übers Kopfsteinpflaster, bevor sie samt Reiter in der Ferne verschwinden. Im anliegenden Wald schlummert etwas verborgen der Schwemm-Teich, an dessen Zulauf eine Holzbank zum Verweilen einlädt. Hier ruht neben dem Blick auch das Gemüt auf dem stillen Wasser und kitzelt das ein oder andere Urlaubsgefühl wach. Das Kleinod in Klaffenbach bietet vielerlei Betätigungsmöglichkeiten und vor allem Genüssliches für alle Sinne.

Wasserschloss Klaffenbach, Wasserschloßweg 6, 09123 Chemnitz, Tel. (03 71) 26 63 50
www.c3-chemnitz.de

ÖPNV: Bus 39; Chemnitz Bahn C11, Haltestelle Neukirchen, Wasserschloss Klaffenbach

Spurensuche mit Aha-Moment

23 *Im Staatlichen Museum für Archäologie*

Wie wunderbar modern eine archäologische Institution sein kann, zeigt das „smac“ immer wieder aufs Neue überraschend mit seinem Kulturprogramm abseits des regulären Museumsbetriebs. Das großzügig gehaltene Foyer schafft mit dem dunklen Boden einen edlen Kontrast zum sonst klar gehaltenen, hellen Raumgefühl, bietet dabei aber weiterhin genügend Freiraum, um je nach Veranstaltung eine besondere Atmosphäre zu kreieren. So wird die Eingangshalle an einem Tag zum Podium für angeregte Diskussionen und am nächsten Abend zur Tanzfläche. Was es mit dem architektonisch spannenden Gebäude auf sich hat, ist in den Erker-Ausstellungen ab der ersten Etage aufwärts gewissenhaft dokumentiert. Der gebogenen Fassade folgend, rücken die lichtdurchfluteten Vorbauten des ehemaligen Kaufhauses Schocken die jüngste Epoche in den Fokus, während dahinter im Inneren 300.000 Jahre Menschheitsgeschichte behandelt werden

Dass Archäologie keineswegs langweilig ist, zeigen die drei Etagen der präzise ausgestalteten Dauerausstellung auf faszinierende Art und Weise. Bis ins kleinste Detail sind die unzähligen Exponate (klar, die Archäologen haben sie gezählt, nicht zu vergessen auch gesäubert und katalogisiert!) durchdacht und entsprechend sowie äußerst ansprechend präsentiert. Ein taktiles Leitsystem führt durch die einzelnen Ebenen hin zu vielfältigen Tastnachbildungen. Ein Museum zum Anfassen, wo gibt es das schon? Darüber hinaus sind die originalen Fundstücke aus dem Raum Sachsen schlichtweg beeindruckend. Gemäß der Devise des Landesmuseums, Geschichte verstehbar zu machen, hilft die Archäologie, als interpretierende Disziplin, Funde einzuordnen und darüber die Umwelt zu rekonstruieren. Absolut empfehlenswert ist die Führung „a wie aha“. Der Funken der Faszination ist hier nur ein Schieferplättchen entfernt. Sie erklärt Lichteffekte und Klanguntermalungen und geleitet zu ästhetischen Installationen sowie Tastobjekten. Im „smac“ wird Vergangenheit begreifbar. Von wegen verstaubte Archäologie!

TIPP Kleine Snacks aus der exzellenten Küche des Cafés Schocken gibt es im Foyer.

smac – Staatliches Museum für Archäologie Chemnitz, Stefan-Heym-Platz 1, 09111 Chemnitz, Tel. (03 71) 9 11 99 90, www.smac.sachsen.de

ÖPNV: Bus 21, 22, 23, 31, 32; Tram 2, 5, Haltestelle Stefan-Heym-Platz

Buntes Treiben

24 *Am Roten Turm im Stadtzentum*

Der Rote Turm im Herzen der Stadt ist so ein richtiges Wahrzeichen für Chemnitz. Als das älteste erhaltene Bauwerk auf städtischem Terrain wüssten die Mauern aus dem namensstiftenden roten Porphyrtuff Geschichten seit der Errichtung des Burgfrieds Ende des 12. Jahrhunderts zu erzählen. Über die Zeit als Teil der Stadtmauer oder Gefängnis, aber auch vom düsteren Kapitel der zerstörten Innenstadt. In den 1950ern wiederaufgebaut und nach 1990 nochmals umfassend saniert, ließe sich sein Tür-an-Tür mit den unterschiedlichsten Bauten im näheren Umfeld als Aufforderung zu einem friedlichen Miteinander interpretieren. An der Brunnenanlage zu seinen Füßen lässt sich jedenfalls erfahren, wie energetisierend es sein kann, wenn Kultur und Vielfalt zusammenspielen. In den Sommermonaten toben die buntesten Feste um ihn herum und laden zu anregenden, heiteren und hochwertigen Veranstaltungen ein. So kann man unter der Tarnung einer schicken Kopfbedeckung das „Hutfestival" unsicher machen oder beim „Festival der Meinungsverschiedenheiten" in gewinnbringende Dialoge eintauchen. Auch die „Fête de la Musique" gastiert hier und berauscht mit musikalischen Darbietungen quer durch den Gemüsegarten. Weitere kostbare Erlebnisse schafft der „Parksommer" mit seinem breit gefächerten Programm. Im anliegenden Stadthallenpark weint man Freudentränen beim Poetry-Slam, lacht sich beim Lach-Yoga kaputt oder springt mit quietschvergnügten Bands über den Rasen.
Abseits der kulturellen Highlights darf man sich beim entspannten Verweilen am Brunnen vom Spektral-Spektakel in der Wasserfontäne verzaubern lassen. Beim Blick hinüber zum roten Riesen mögen sich manche vielleicht an den Geschirrstapel daheim erinnert fühlen – schließlich stand der Rote Turm in den 1960er-Jahren dem noch heute typischen Verpackungsdesign des Spülmittels „fit" Pate, damals vom VEB Fettchemie in Karl-Marx-Stadt produziert und in die gesamte (deutsche demokratische) Republik verschickt. Ein waschechter „Saubermann", dieser Rote Turm.

Roter Turm, Straße der Nationen 3, 09111 Chemnitz
www.parksommer.de
ÖPNV: Bus 62, 72, 79; Tram 1, 3, 4; Chemnitz Bahn C11, Haltestelle Roter Turm

Ausgelassene Stunden

25 *Auf der Küchwaldwiese in Schloßchemnitz*

An einen Baum gelehnt, in der Sonne sitzen. Die Augen geschlossen und dabei die wärmenden Strahlen übers Gesicht streifen lassen. Inneren Frieden spüren. Durchatmen. Willkommen auf der Küchwaldwiese!

Ob die Planer von einst bei der Umgestaltung des Küchwaldes dieses friedliche Szenario im Sinn hatten, ist nicht überliefert. Wohl aber, dass der zwischen 1900 und 1915 bewusst entwickelte Waldpark ausgiebig der Erholung dienen sollte. Zuletzt brachte ein Beschluss der Stadtverordnetenversammlung in den 50er-Jahren auch noch den kulturellen Aspekt ins Spiel. So bietet das Areal heute vielfältigste Möglichkeiten.

Eines der wiederbelebten Highlights ist die lauschige Freilichtbühne. Doch nicht etwa der erhabene Turm aus Muschelkalk samt der einladenden Freitreppe ist Dreh- und Angelpunkt, vielmehr spielen sich die Stücke von Kinder- und Jugendtheater, Laienspielgruppe sowie des städtischen Schauspiels im dahinter verborgenen Amphitheater ab.

Der kleine Imbiss am Fuße des linken Flügelgebäudes erinnert an die ehemalige Küchwaldschänke und umsorgt damals wie heute den hungrigen Spaziergänger. Wer sich auf einer ausgedehnten Tour durch den Waldpark über den ein oder anderen Bahnübergang wundert, ist der einstigen Pioniereisenbahn dicht auf der Spur. Heute als Parkeisenbahn bekannt, eröffnet sie dem Fahrgast von Frühjahr bis Herbst bei gemütlicher Geschwindigkeit völlig neue Perspektiven. Mit ihrem fröhlich fietschenden Ton schnauft sie auch an der Küchwaldwiese vorbei, von manch einem liebevoll „KüWaWi" genannt. Die großzügige Freifläche ist ein beliebter Treffpunkt für junge Leute und Familien. Hier ist Platz für ein lustiges Federballmatch, Picknick unter uralten Eichen oder auch die Akro-Yoga-Truppe. Beim jährlichen Slackfest im August ziehen zudem etliche Slacklines farbenfrohe Linien von Baum zu Baum. In gelassener Atmosphäre zelebriert die Community mit atemberaubenden Contests die Verflechtung von Sport und Kunst und darüber hinaus das älteste Festival seiner Art in Europa.

TIPP

Beim jährlichen Ballonglühen auf der KüWaWi erhellen unzählige Heißluftballons die Nacht.

Küchwaldwiese, Küchwaldring, 09113 Chemnitz
www.kuechwaldbuehne.info
ÖPNV: Bus 21, Haltestelle Ludwigstraße; Bus 79, Haltestelle Schloßberg

Zirkulierende Freude

26 *Chemnitzsteine – Good Vibes für die Hosentasche*

Sie kommen in ganz unterschiedlicher Gestalt daher – mal als Post-it an einem Schaufenster oder eine Art Flugblatt mit Schnipseln zum Abreißen an einer Laterne. Ein anderes Mal ist es eine kleine Blüte auf dem Treppenabsatz oder ein Zettelchen am Bankautomaten. Die Rede ist von – Alltagserfrischern, Mutmachern, Farbtupfern – von kleinen Impulsen, die einem unerwartet begegnen und doch unmittelbar ein Lächeln ins Gesicht zaubern. Verstreut und abgelegt mit genau dieser Intention: anderen eine Freude zu bereiten. Dem Zufallsglück beim Finder auf der einen Seite geht eine bewusste Entscheidung auf der anderen voraus; der Wunsch, Farbe und Freude in den Alltagstrott zu bringen, den Kreislauf der Nettigkeiten voranzutreiben. Diese von Zugewandtheit geprägte Grundhaltung erzeugt gute Gefühle – bei Empfänger und Absender gleichermaßen. Wie ein Postillon d´Amour wirbelt er anregende Fragen, erfreuliche Nachrichten und liebenswürdige Handarbeiten ins Leben seiner Mitmenschen.
Mittlerweile findet diese Beglückung sogar organisiert statt. In einschlägigen Gruppen der sozialen Netzwerke ist dieser positiv gestimmte Schlag Mensch in bester Gesellschaft und stiftet darüber hinaus zum Mitfreuen an. Die Währung des Glücks sind Steine. Manchmal ungleichmäßig geformt, inspiriert ihr Schattenspiel zum Um-die-Ecke-Denken. Einfallsreich mit bunten Mustern, fantasievollen Motiven oder lieben Wünschen angepinselt, werden die kleinen Kunstwerke anschließend in der Nachbarschaft ausgelegt. Die entzückten Entdecker posten ihren Fund und bringen ihn ihrerseits erneut in Umlauf.
Manches Mal erspäht man auch regelrechte Handschmeichler. Dann sind die Steinchen klein, rund und schmiegen sich sanft in die Handkuhle. Über die glatte Oberfläche zu streifen, ihre Silhouette entlang der Fingerkuppen zu drehen, streichelt die Sinne, beruhigt den umtriebigen Geist und lässt im Hier und Jetzt ankommen. So leicht kann es sein, mit einer winzigen Geste selbst grauen Tagen ein Freudenfünkchen zu verleihen.

Chemnitzsteine – potenziell überall in Chemnitz – Augen offen halten!

HEUTE
IST EIN GUTER
TAG zum
glücklich
sein.
#chemnitz
steine

Eine sanfte Meeresbrise

27 *Die Salzgrotte im Gablenz Center*

Das berüchtigte Salz in der Suppe vermag nicht nur so manche fade Mahlzeit zu würzen, sondern dient in seiner ursprünglichen Form als Mineral in vielfältigster Weise der Gesundheit. Auf sein Potenzial zur Unterstützung der Selbstheilungskräfte sowie Steigerung des Wohlbefindens setzt man in der Salzgrotte ganz gezielt. Gut zehn Tonnen Natur- und Steinsalz, das einstige Meersalz der Urmeere, sind hier zu einem unterirdisch anmutenden Rückzugsort verbaut. Sanft beleuchtet, zaubern die weiß-rosa bis orange schimmernden Salzbrocken eine behagliche Atmosphäre in die Höhle, von deren Decke scheinbar echte Stalaktiten wachsen. Gediegene Töne mischen sich mit dem steten Tropfen des Gradierwerkes zu einem beruhigenden Klangteppich. Eingemummelt in einer Kuscheldecke werden in der fünfzigminütigen Sitzung alle Sinne auf Kurzurlaub an die milde Küste geschickt. Das reichhaltige Mikroklima gönnt dem Körper derweil ein Bad inmitten wertvoller Mineralstoffe und Spurenelemente. In konzentrierter Form kann man diese Luftqualität nebenan auf schmalen drei Quadratmetern, doch keinesfalls weniger bequem, bei der Intensivsole erfahren. Circa 25 Minuten lang strömt der angefeuchtete, antibakteriell wirkende Solenebel in den Körper. Die bewussten Atemzüge bringen dabei ein ausgesprochen kostbares Erlebnis in den mitunter stressigen Alltag: durchatmen. Abgerundet wird das Entspannungskonzept der Salzgrotte durch ein breit gefächertes Angebot aus Massagen, Peelings, Schlammpackungen und Aromaöl-Anwendungen für Solo- und Paarzeiten. Ein besonderes Highlight sind zudem die Klangreisen. Das Anspielen von Klangschalen und Instrumenten aus Bergkristallquarz erzeugt in dieser ohnehin einzigartigen Location eine wahrlich fantastische Stimmung. Über die akustische Ebene hinaus wirken die Töne im Körper weiter und vermögen so manche innere Schwingung zu harmonisieren. Wellness wird hier ganzheitlich betrachtet und bekommt im fordernden Alltag eine feste Größe zugeschrieben. Kurzurlaub vor der Haustür eben.

TIPP

Für den Salzgrottenmoment daheim hält der integrierte Salz-Shop u. a. die heimeligen Salzlampen bereit.

Salzgrotte Chemnitz im Gablenz Center, Carl-von-Ossietzky-Straße 153, 09127 Chemnitz, Tel. (03 71) 27 82 64 64, www.salzgrotte-chemnitz.de

ÖPNV: Bus 43, 62, Haltestelle Hans-Ziegler-Straße

28 *HAAMIT Papeterie im Kaßberg-Kiez*

Dass hier die Gemütlichkeit daheim sein muss, steckt ja schon im Namen Haamit, dem erzgebirgischen Wort für Heimat. Eigentlich dürfte man damit vom lauschigen Laden-Feeling wenig überrascht sein. Und doch ist es jedes Mal erneut eine Wonne, in dieses Flair einzutauchen!
Die großflächige Fensterfront scheint dabei zwei Welten miteinander zu verbinden. Sie lässt Blicke und Licht hinein, strahlt aber ebenso nach draußen und erhellt schon beim Vorbeigehen die Gemüter. Hinter der Haamit steht Götz Weigel, der für seine urige Buchdruckpresse und besonderen Schätze an der Kaßberger Hauptader ein Zuhause fand und kurzerhand den hyggeligsten Laden der Stadt eröffnete. Im Inneren warten auf zwei Etagen Kostbarkeiten, so weit das Auge reicht. Erlesenes Inventar präsentiert Schmuckstücke aus Keramik, Glas und Holz. Eines der raumhohen Regale ist bis unter die Decke mit reizenden Schachteln von groß bis winzig klein bestückt, und nebenan kitzeln traumhafte Notizbücher die Fantasie wach. Hochwertiges Schreibequipment und Papier gibt es selbstverständlich ebenso wie herziges Klebeband oder Buchbinderinge. Kuschlige Decken, Lampen und Drucke verleihen dem Laden einen wohnlichen Look. Kein Wunder, dass in dieser anheimelnden Atmosphäre auch ein paar Stofftiere eingezogen sind. Aus den Schubladen alter Holzschränke scheinen sie dem Besucher verstohlen nachzublicken und wissen mit ihrem vereinnahmenden Charme Herzen zu erobern. Für Liebhaber schöner Dinge bietet die Haamit ein Abtauchen in Ästhetik, Poesie und Sinnlichkeit. Allerhand Formschönes und Unerwartetes streicheln die Seele.
Es ist, als würde man eines dieser eindrücklichen Kinderbücher lesen – man spürt dessen Gehalt und zehrt davon. Und so hat auch die Zeit in der Haamit eine ganz eigene, besondere Qualität. Sie ist ein wohltuend leiser Ort, an dem die Muße zu fließen und die Augen zu leuchten beginnen. Unaufgeregt und doch so spannend. Für die Portion Extragenuss lassen Götz und sein Team gerne auch eine Tasse Espresso aus der Maschine.

HAAMIT Papeterie, Ulmenstraße 61, 09112 Chemnitz, Tel. (03 71) 4 79 02 13
www.haamit.com
ÖPNV: Bus 62, 72, Haltestelle Ulmenstraße

Ein Stimmungsbild

29 *Galerie Borssenanger am Johannisplatz*

Was es bedeutet, einen Raum wahrzunehmen, ihn wirklich zu erfassen, in seinem Wesen und seinen Möglichkeiten, dafür bekommt man im Gespräch mit den Galeristen Henriette Schneidewind und Ulf Kallscheidt einen überraschend neuen und dabei so anregenden ersten Eindruck. In ihren Räumen am Johannisplatz führen die beiden seit 2016 mit Herz und Verstand die Galerie Borssenanger. Der Name des Kunsthandels rührt noch von seinen Anfängen an einem kleinen Straßenzug auf dem Chemnitzer Kaßberg her und steht heute für ein mutiges und zugleich bodenständiges Vorangehen in Sachen Kunstraum Chemnitz.

Nach bewegten Jahren als Kantine der Postmitarbeiter sowie als Zwischenstation des legendären Nachtclubs „Atomino" sind in die heiligen Hallen im ersten Stock wohltuende Ruhe und Klarheit eingezogen. In Symbiose damit tauchen die unterschiedlichsten Stimmungen der Kunst ein. Eine über die gesamte Länge gezogene Fensterfront lässt bereits von außen ein paar interessierte Blicke herein, vor allem aber durchdringt den Raum durch die offene Gestaltung zur rechten Tageszeit eine herrliche Lichtstimmung.

Die Galerie Borssenanger vertritt nationale wie internationale Künstler mit dem Fokus auf zeitgenössische Kunst und zeigt im Schnitt aller zwei Monate eine neue Ausstellung. Zu den Highlights im Veranstaltungskalender gehören stets auch Kooperationen zwischen Kunstschaffenden sowie Gruppenausstellungen, in denen alle von der Galerie vertretenen Künstler eine gemeinsame Schau bespielen. Neben der Betrachtung der eigentlichen Exponate lohnt jedoch ebenso ein Blick auf „die Kunst der Hängung", sprich, wie die einzelnen Werke innerhalb einer Ausstellung präsentiert werden. In intensiven Prozessen entstehen dabei immer wieder neue Raumkonzepte. Voller Wohlwollen und Expertise begleiten Henriette und Ulf nicht nur die Kunstschaffenden, sondern auch ihre Besucher. Kunst rührt an und klingt nach. Vielleicht sogar künftig im heimischen Wohnzimmer mit einem Werk aus der Galerie Borssenanger …

Galerie Borssenanger, Straße der Nationen 2-4, 09111 Chemnitz, Tel. (03 71) 3 31 42 70
www.borssenanger.de

ÖPNV: Bus 62, 72, 79; Tram 1, 3, 4; Chemnitz Bahn C11, Haltestelle Roter Turm

Lebensbejahend

30 *Blattgrün & Hochzeitskapelle im Zeisigwald*

Dieses Grünband trägt zu Recht die Bezeichnung Naherholungsgebiet. Auf 600 Hektar Land steht ein Teil des alten Erzgebirgswaldes Miriquidi und ein bisschen Urwaldfeeling kann an der ein oder anderen Weggabelung schon mal aufkommen. In jedem Fall ist dies eines der Refugios der Stadt, wo man gut für sich sein kann, je nach Tages- und Jahreszeit, aber auch andere Spaziergänger/Hundebesitzer/Pilzsucher sichtet und manchmal sogar auf eine Schulklasse stößt, die gerade ein Lied anstimmt. Das weitläufige Gebiet ist darüber hinaus geschichtlich sowie geologisch höchst spannend. Unter dem heutigen Beutenberg schlummert ein ehemaliger Vulkan. Vor so manch millionstem Jahr brach er aus und verfestigte den Boden mit seinem Ascheregen zu Porphyrtuff. Ein Gestein, das später einen begehrten Baustoff lieferte, von dessen Abbau im Zeisigwald Steinbrüche und die sagenumwobenen Teufelsbrücken zeugen. Was Bildhauer aus dem überregional bekannten „Hilbersdorfer Porphyr" schufen, lässt sich noch heute an historischen Portalen bewundern.
Dieser Tage führt ein großzügiges Wegenetz durch den Wald. Entlang der Abbruchkanten alter Steinbrüche weisen grüne Geländer den Weg hin zu atmosphärischen Ausblicken. Die unterschiedlichsten Grüntöne der Natur entspannen die Augen, und unter den jahrzehntealten Buchen stellt sich ein Gefühl der Geborgenheit ein.
Welch mobilisierende Energie in der Natur steckt, wird im Frühjahr besonders deutlich, wenn Birken entgegen der Schwerkraft Wasser aus den Wurzeln bis in die Zweige transportieren. Legt man sein Ohr an die Rinde, so ist das Birkenrauschen manchmal gar akustisch wahrnehmbar. Vom Baum des Neubeginns zum Baum der ehelichen Liebe und Gemeinschaft, der Linde. Passenderweise umsäumt diese Baumart eine kleine Holzkapelle im Herzen des Zeisigwaldes, in der sich Paare im engsten Kreise das Jawort geben können. Ein wenig mediterranes Flair erlebt man hingegen unter den Olivenbäumen im benachbarten Bier- und Wintergarten der sonst eher rustikal gehaltenen Zeisigwaldschänke.

Hochzeitskapelle an der Zeisigwaldschänke, Forststraße 100, 09131 Chemnitz, Tel. (03 71) 4 44 58 81, www.zeisigwaldschaenke.de

ÖPNV: Bus 32, Haltestelle Steinweg, gut 1000 Meter Fußweg

Mut zur Farbe

31 *Karl-Schmidt-Rottluff-Ensemble*

Ein ungezwungener Umgang mit Farben und Formen, mitunter auf wenige Merkmale reduziert, Landschaften und Natur als Inspiration – ohne die Intention, diese realitätsnah abzubilden, dem Betrachter das eigene Erleben veranschaulichen. Als zum Ende des 19. Jahrhunderts der Expressionismus ins Licht rückte, schien auch Karl Schmidt eine Ausdrucksform für sich gefunden zu haben, um „das zu fassen, was er sähe und fühle". Als Architekturstudent, fortan unter dem Namen Schmidt-Rottluff, gründete er mit drei weiteren Kommilitonen und Freunden die weltbekannte Künstlergruppe „Brücke". Von biografischen Einschnitten, Erlebnissen und Eindrücken geprägt, wandelten sich seine künstlerischen Arbeiten im Laufe der Jahre. Der kraftvolle Ausdruck seiner Bilder aber blieb.

Sein Leben ebenso wie seine Werke und so manche Motivvorlage sollen am Ort seiner Kindheitstage künftig hautnah nachvollziehbar sein. Das Ensemble Karl-Schmidt-Rottluff bietet hierfür die größtenteils erhaltenen, originalen Schauplätze seiner Kindheit und Jugend sowie eines späteren Aufenthaltes in den 1940er-Jahren – das Mühlengebäude des Vaters und das Landhaus. Letzteres noch in den unveränderten Strukturen des einstigen Wohnhauses. Von der künstlerischen Ader sowie ursprünglichen Raumaufteilung der Mühle zeugen in deren Wohnbereich historische Wanddekore. Mit wenigen Farbtönen wurden dabei völlig unterschiedliche Kompositionen geschaffen. Schablonenartig ranken sich sandfarbene Rosen auf blauem Untergrund oder palmenartige Gewächse vor einem wenig gesättigten Grün.

TIPP Für einen Blick ins Mühleninnere und auf Haferquetsche und Co. Besichtigungstermin vereinbaren.

Eine eigene Vision in die Zukunft malend, machte sich der Förderverein Karl Schmidt Rottluff Chemnitz e. V. auf den Weg, diese Wirkstätte des Expressionisten als ein Zentrum für Kultur, Begegnung und Bildung zu gestalten. Wie es sich anfühlt, selbst zum Pinsel zu greifen, die eigene Interpretation der Schmidt-Rottluff´schen Motive zu verewigen und eine Brücke zur Kunstgeschichte zu schlagen, begleiten künftig Workshops an der Rottluff-Mühle und im näheren Umfeld.

Karl-Schmidt-Rottluff-Ensemble, Limbacher Straße 380–382, 09117 Chemnitz, Tel. (03 71) 27 23 33 37, https://schmidt-rottluff-chemnitz.de

ÖPNV: Bus 32, Haltestelle Gerstenbergerstraße

Chtz-Rottluf

Sich der Sonne zuwenden

32 *Ein Päuschen in der Gärtnerei Pause*

„In der Natur lesen“ – das meint in diesem Falle nicht das Abgrasen wohlduftender Buchseiten im Grünen. Vielmehr geht es um die feinsinnigen Details, die Mutter Erde erdacht hat, vielleicht auch, um den Menschen Orientierung zu bieten, und die es zu erkennen gilt. Eines wachen Geistes bedarf es für beide Unterfangen sicherlich gleichermaßen.
Einer, der Blütenstände und ihre Wandlungen eingehend unter die Lupe nahm, war der schwedische Botaniker Carl von Linné. In seiner „Blumenuhr“ ordnete er jeder Stunde eine florale Schönheit zu – so, wie diese erwachen oder ihre Blüten schließen.
Mit Frühaufblühern, Tausendschönchen und jungem Gemüse ist auch die Gärtnerei Pause bestens vertraut. Der Familienbetrieb begrünt die Stadt bereits in vierter Generation und verleiht auch dem Wochenmarkt stets eine besonders schöne Note. Am Feldrand im Stadtteil Borna gedeihen die liebevoll umsorgten Pflänzchen für Beet und Balkon, je nach Saison im Gewächshaus oder unter freiem Himmel. In Urproduktion werden sie eigenhändig vom Saatkorn bis zur Jungpflanze aufgezogen. Durch diesen unmittelbaren Bezug zu ihren Produkten weiß das Team um Olaf Pause genauestens um deren Kostbarkeiten sowie besonderen Bedürfnisse und kann entsprechend hervorragend zu allen gärtnerischen Belangen beraten. Ob Gewürz-, Gemüse-, Zierpflanze, Frühblüher oder Sommerstaude. In diesem duftend blühenden Ambiente möchte man es dem klangvollen Familiennamen am liebsten gleichtun: ein Päuschen einlegen, das Farbenmeer genießen und sich der Sonne zuwenden – um danach selbst in voller Blüte zu stehen. Natürlich werden hier mit geschultem Blick und geschickten Händen auch lose Blumenstängel zu kunstvollen Gestecken arrangiert. Welch schöner Schein mit Tiefgang. Durch die Blume gesagt: strahlen Ranunkeln mit dem Liebreiz des Beschenkten um die Wette; reichern farbenfrohe Gerberas die Luft mit Fröhlichkeit an, künden Lupinen von Fantasie, bitten Vergissmeinnicht um ebendieses oder sprechen Sonnenblumen eine große Zuversicht aus. „Flowerpower“ eben.

Gärtnerei Pause, Auerswalder Straße 28, 09114 Chemnitz, Tel. (03 71) 3 36 30 39
www.gaertnerei-pause.de
ÖPNV: Bus 63, Haltestelle Auerswalder Straße

Innovative, frische Küche

33 *Im edlen Ambiente des Restaurants Janssen*

Unweit des Zentrums steht man am Übergang von der Brückenstraße zur Schloßstraße am sanft rauschenden Wasser der Chemnitz vor bedeutsamer Industriekulisse. Der rote Klinker einer ehemaligen Färberei sowie Strumpfwirkerei erstrahlt nach der Revitalisierung in altem Charme. Auf der Seite der Fußgängerbrücke, wo ein Angler in Form einer Skulptur sein Glück versucht, hebt sich zudem zurückhaltend und stark zugleich der Erweiterungsbau der damaligen Trikotagenfabrik des Unternehmers William Janssen empor.

Der innovative Geist von damals scheint noch immer im Gemäuer zu schlummern, und so ist es nicht verwunderlich, dass sich unter diesem Dach unterschiedliche Branchen mit ihren erfrischenden und gehaltvollen Ideen eingefunden haben. Eines dieser hochwertigen, mit Herz und Verstand bereicherten Konzepte brachten Katrin Dreßler-Nöbel und Marco Nöbel in die Janssen Fabrik und (be)leben seit nunmehr zwei Jahrzehnten das Restaurant Janssen und damit ihre Vision einer euro-asiatischen Küche.

Seit Anbeginn legen die Gastronomen Wert auf eine hochklassige Karte, in der Fisch-, Fleisch-, vegetarische und vegane Gerichte gleichberechtigt angeboten werden.

Es ist eine köstliche Vorstellung, wie der Küchenchef mit saisonalen Produkten hantiert und einer Leibspeise wie „Kürbis mal Vier“ mit marinierten Wildkräutern das sprichwörtliche Sahnehäubchen verleiht. Ob stilvolle Gemütlichkeit an der Bar oder sommerliches Flair auf der traumhaften Terrasse – das Team des Janssen versteht es, zu jeder Jahreszeit eine einladende Atmosphäre zu schaffen und die stets frisch zubereiteten, kostbaren Köstlichkeiten auch fürs Auge ansprechend aufzutischen. Für die Gastronomen gehen ein leckeres Essen und ein gutes Glas Wein Hand in Hand. Beim Blick in die reichhaltige Weinkarte empfehlen die Weinkenner zum Ofenkürbis beispielsweise einen Grauburgunder Kabinett aus Meißen, der mit seinen floralen Aromen und animierender Säure Lebendigkeit zu verleihen vermag. Na dann, Prost Mahlzeit!

Restaurant Janssen, Schloßstraße 12, 09111 Chemnitz, Tel. (03 71) 4 59 09 50
www.janssen-restaurant.de
ÖPNV: Bus 21, 32, Haltestelle Hohe Brücke

Mit viel Gefühl

34 *Tastmodell im Herzen der Stadt*

Einmal die Chemnitzer Innenstadt aus der Vogelperspektive begutachten? Oder aber das Zentrum ganz und gar haptisch erkunden? Kein Problem dank einer Schenkung der Bürgerstiftung für Chemnitz! Vor den Stufen zum Neuen Rathaus gewährt seit 2018 ein in Bronze gegossenes Tastmodell des Stadtkerns spannende Einblicke in verborgene Winkel.
Bis zu seiner Übergabe an die Oberbürgermeisterin zogen verschiedenste Akteure und Unterstützer der Idee gemeinsam an einem Strang und bedachten darüber auch die Menschen, die notgedrungen unter anderem Meister des Erfühlens sind. Damit steht das Stadtprofil zum Ertasten exemplarisch für eine mannigfaltige, einander zugewandte Stadtgesellschaft und ebenso für vielfältige Perspektiven. Wie Großmütter weise zu sagen wüssten, lohnt es sich stets, weitere Blickwinkel einzunehmen, um das wahre Wesen einer Sache zu erfassen. Für Gefühl und Geist erfahrbar, werden in diesem Fall nicht nur die Nachbildungen der innerstädtischen Gebäude und ihre Zwischenräume, sondern auch die Punktmuster der Brailleschrift. Auf rund eineinhalb Quadratmetern ist das Herzstück der Stadt zusammengerückt und lädt zum näheren Betrachten und Betasten ein. Auch so manche architektonische Finesse lässt sich hier im wahrsten Sinne des Wortes begreifen – beispielsweise verspielte Elemente wie das zum Bügeleisen geformte Dach der Einkaufsgalerie oder die Wiederholung der Wabenform im Stadthallenareal.
Für den Abgleich mit den Originalen sei auf die Gästeführer der Stadt verwiesen, die bei ihren kurzweiligen Touren allerhand Wissenswertes, Humorvolles, Berührendes aus dem Ärmel zaubern und schmunzelnden Fragen nachgehen. Weshalb hat Chemnitz zwei Rathäuser, und warum sieht das Alte frischer aus als das Neue Rathaus? Wer dreht seine Runden beim figürlichen Glockenspiel zur Melodie von „Freude schöner Götterfunken"? Was hat es mit der rosafarbenen Fassade am Markt auf sich? Wo befindet sich das Judith-Lucretia-Portal nach diversen Umzügen heute? Und wann fährt eigentlich der Paternoster ab?

Tastmodell der Chemnitzer Innenstadt, Neues Rathaus am Neumarkt, 09111 Chemnitz
www.chemnitz-stadtfuehrer.de
ÖPNV: Bus 62, 72, 79; Tram 1, 3, 4; Chemnitz Bahn C11, Haltestelle Roter Turm

Spielerisches Farbrauschen

35 *Der Malort am Brühl*

Einen Raum von ganz besonderer Qualität haben Uta Beyer und Sabine Richter aus Paris nach Chemnitz geholt. Die Wände mit Packpapier verblendet, darauf horizontal und vertikal unzählige farbige Linien. Rückstände eines Spiels, das man hier, unabhängig vom Alter, (wieder neu) entdecken kann. In ihrem Malort am Brühl haben die beiden Frauen einen sicheren Hafen geschaffen und folgen dabei dem behutsam erdachten und erprobten Konzept von Arno Stern. Von dessen jahrzehntelanger ernsthafter Beschäftigung mit dem universalen Ausdruck im Malen zeugen feinsinnig definierte Aspekte wie das Malspiel oder die Formulation. Das Malen um des Malens willen steht hier im Fokus. Es wird als Spiel mit seinem unvoreingenommenen, aneignenden Wesen verstanden und führt zu ureigenen Quellen zurück. Hier entstehen keine Werke, sondern Spuren – frei heraus aus dem Moment, ohne Anleitung, ohne Ziel. Im Malort dominiert die Stille. Von außen betrachtet, ist es dennoch beinahe so, als würden die Pinselspitzen, von zarten Klaviertönen begleitet, über das Papier tanzen und mit jedem Blattkontakt einen Fußabdruck hinterlassen. Begegnungen der Malenden vollziehen sich zumeist leise am Palettentisch, welcher in der Mitte des Raumes, sorgsam aufgereiht, 18 leuchtende Farben bereithält. Sabine und Uta begleiten die Sequenzen als „Malspiel-Dienende", während Spontaneität und Fokussierung in weichen Bewegungen durch die Atmosphäre fließen. Es empfiehlt sich, das Malspiel regelmäßig zu besuchen, um in die Tiefen eintauchen zu können und von diesen kraftvollen Erfahrungen zu zehren. In seiner ungewöhnlichen, wohltuenden Ruhe verspricht der Malort beim Alltag-hinter-sich-Lassen, mit sich selbst in Kontakt und dem unverfälschten Ausdruck des Inneren auf die Schliche zu kommen. Volle Präsenz im Hier und Jetzt, und darüber die Zeit vergessen, verheißt auch kurzfristige Hochgefühle und die Chance auf Flow. Ein berauschender Zustand im Einpendeln zwischen Herausforderung und Handlungsfähigkeit.

Malort Chemnitz, Untere Aktienstraße 12, 09111 Chemnitz, Tel. (03 71) 91 28 35 47
www.malort-chemnitz.de
ÖPNV: Bus 23, 51, 79, Haltestelle Georgbrücke

Auf Winnetous Fährte

36 *Am Indianerteich in Glösa-Draisdorf*

Im Namen der Völkerverständigung soll diese Wegbeschreibung nicht nur dem Oberindianer der einschlägigen DEFA-Filme Gojko Mitić gewidmet sein. Vielmehr zeigten er und sein Indianerkollege Pierre Briece schon während der Dreharbeiten zu Winnetou in den 60er-Jahren, wie man Grenzen überwindet. Auch später teilten sie sich den Ruhm rund um die Karl-May-Figur auf den Bad-Segeberger-Brettern, die die Welt bedeuten. Das geschulte Auge würde hier im Ebersdorfer Territorium sicherlich die Spuren von Iltschi, Winnetous behuftem Freund, ablesen können.

Die Feuchtwiesen am Indianerteich liegen am Rande des Glösaer Waldes verborgen, gut 15 Minuten vom Wohngebiet am Rennsteig entfernt. Mit der richtigen Einstellung verspricht bereits die Pirsch durch den Forst, zum Abenteuer zu werden. Nicht zuletzt ein unerwarteter Tunnel inmitten des Baumbestandes heizt das entdeckungsfreudige Gemüt an. Das sprichwörtliche „Licht am Ende des Tunnels" symbolisiert auch in diesen Gefilden den Übergang in eine andere Welt. So oder ähnlich fühlt man sich jedenfalls ein klein wenig beim Verlassen der Röhre. Behütend umgeben von Wildwuchs, legt sich ein kleiner Weiher in die Senke. Das Naturflächendenkmal wurde bereits 1961 unter Schutz gestellt. Damit sind die Feuchtwiesen am Indianerteich das älteste Schutzgebiet der Stadt. Aus dem Nass bahnen sich eigensinnige Gewächse ihren Weg ans Sonnenlicht, und das Plätschern des Wassers sorgt für rhythmische Untermalung des Szenarios.

Einen Hauch von Zivilisation bringt lediglich der Fernverkehr oberhalb des Areals mit sich. Ansonsten kann man sich im Einklang mit der Natur mental ein Friedenspfeifchen anzünden, die Kunst des Gewahrseins erproben oder sich von Libellen verzaubern lassen, die luftig-leicht zwischen Binsen tanzen. Ob von diesem Seegras der Begriff Binsenweisheit kommt oder man hier gar den Schatz im Silbersee findet, vermag nicht einmal das Wasserblasenorakel zu verkünden. Nach Sam Hawkens wäre dies auch ein prima Ort zum Dösen. Indianer-Ehrenwort.

Feuchtwiesen am Indianerteich, Rennsteig, 09114 Chemnitz

ÖPNV: Bus 63, Haltestelle Kinderwaldstätte, ca. 1200 Meter Fußweg; Chemnitz Bahn C14, Haltestelle Kinderwaldstätte, ca. 950 Meter Fußweg

Hier spielt die Musik!

37 *Im Musikkombinat am Brühl*

Schon Friedrich Nitzsche sagte: „Ohne Musik wäre das Leben ein Irrtum." Wozu dieses Medium auf emotionaler Ebene imstande ist, weiß ein Jeder, dessen Laune mal im Keller hing, und die ersten Takte des Lieblingssongs genügten, um die Mundwinkel nach oben zu ziehen.

La musica in ihren vielfältigsten Nuancen ist im Musikkombinat das zentrale und alles verbindende Element. Dem Bandbüro Chemnitz und seinen Angeboten, darunter Tonstudio und mobiler Kinderproberaum, bietet das umfunktionierte Schulgebäude einen inspirierenden Hafen. Zahlreiche Bands und Klangprojekte der hiesigen Musikszene haben in den ehemaligen Klassenzimmern ihren Teppich ausgerollt, das Proberaumsofa aufgestellt und jammen mit allem, was ihnen lieb ist. Im „leisen" Trakt des Hauses schreibt hingegen das freie „Radio T" seine bewegte Geschichte fort. Gerade mal drei Dutzend unabhängige Radiosender zählt der Bundesverband Freier Radios in ganz Deutschland. In dieser Riege schon über Jahrzehnte dabei und mit zunehmender Sendezeit funkt das alternative Bürgerradio aus Chemnitz Wort- und Ton-Spuren in den Äther, unterstützt die lokale Berichterstattung, bereitet ansässigen Initiativen ein Podium und gibt auch Musikstücken abseits des Mainstreams eine Chance, gehört zu werden. Die humorvollen, teils poetisch anmutenden Programmtitel verraten auf Anhieb, wie multiprofessionell die „RadioTen" ihren Hörfunk untersetzen. Einen Einblick in ihre Sphären – zwischen Redaktion, Schnitt oder Livesendung – geben die engagierten Stimmen hinter dem Mikro regelmäßig im Rahmen von Workshops. Die offen gestalteten Studios und Arbeitsplätze unterstreichen den kommunikativen Charakter. Radio T ist ein Ort des Mitgestaltens ebenso wie der Begegnung und hat schon manchem die Scheu vorm Mikrofon genommen. Mit dem Wettbewerb und Event „Hörspielinsel" werden zudem der künstlerische Ansatz von Radio und bereits die Jüngsten hinter dem Aufnahmegerät gefeiert. Ob nun Geräusche-Safari oder musikalische Ekstase – Radio T – man höre und staune!

TIPP Auf einer Wellenlänge mit den Radiomachern: UKW 102,70 MHz oder im Stream bei radiot.de.

Radio T e.V. im Musikkombinat, Mühlenstraße 94, 09111 Chemnitz, Tel. (03 71) 35 02 35
www.radiot.de
ÖPNV: Bus 23, 51, 79, Haltestelle Müllerstraße

16:52:50

Eine Hommage an das Leben

38 *Dolce Vita an der Kaßbergauffahrt*

Im Winter ist er, rein äußerlich betrachtet, lediglich eine karge, verästelte Gestalt – Ton in Ton mit dem Einheitsgrau der kalten Jahreszeit. Beinah ein bisschen verloren wirkt er auf dem kleinen Grünstreifen, umgeben von Gehwegplatten und mal mehr, mal weniger kultiviertem Asphaltgeschehen. Man fragt sich gar, wie er hier überhaupt so groß werden konnte. Mit dem Verschwinden der Eiskristalle und dem Erwachen der Natur zeichnet sich hiervon allmählich ein anderes Bild ab, und es wird klar, wie weise und vorausschauend sich dieser Rückzug Jahr um Jahr vollzieht, wenn auch der Ginkgo biloba seine Kräfte sammelt, um im Frühling mit frischem Schwung zu ergrünen. Mit den ersten Knospen erwacht auch sein Mythos zu neuem Leben. Versteinerte Blattfunde bezeugen sein Wachsen seit Millionen von Jahren; nicht umsonst wird diesem sonderbaren Gewächs der Titel „lebendes Fossil“ angedichtet. Beeindruckend ist daran vor allem seine Widerstandsfähigkeit, welche, im psychologischen Sinne unter dem Namen Resilienz geführt, ebenfalls uns Menschen gut zu Gesicht steht. Es war also eine Art geheime, innere Kraftquelle, die die Ginkgobäume hier am Fuße des Kaßbergs gedeihen ließ und dafür sorgt, dass jedes Frühjahr in Fülle neue zartgrüne, leicht geriffelte Fächerblätter sprießen.

Wenn die Sonne ihren Bogen höher spannt, T-Shirt-Wetter nach draußen lockt und die Jahreszeit der Entfaltung ansteht, wird in direkter Nachbarschaft zu diesem unverwüstlichen Hoffnungssymbol die Eis-Saison ausgerufen. Der neckische Bauwagen mit der gestreiften Markise genießt schon fast so etwas wie einen Kultstatus bei Softeis-Liebhabern. Im dazugehörigen Eisgarten lässt sich das süße Leben jedenfalls herrlich auskosten. Und in geschätzter Begleitung – mit einer guten Portion Optimismus und einem positiven, realistischen Selbstbild im Gepäck sowie der Fähigkeit, das persönliche Innenleben zu händeln – zahlt dieser erfrischende Moment prompt an das Immunsystem der Seele ein. Ein Hoch auf das Leben!

Ginkgo-Bäumchen und Eisgarten an der Kaßbergauffahrt, Theaterstraße 60, 09111 Chemnitz

ÖPNV: Bus 62, 72, Haltestelle Kaßbergauffahrt

EISGARTEN
an der Kaßbergauffahrt

Verzaubernde Harmonie

39 *Im Schlosspark in Lichtenwalde*

Genau genommen, gehört die kleine Gemeinde Lichtenwalde nicht zur Stadt Chemnitz. Ein Ausflug, raus in beschaulich-ländliches Flair im Landkreis Mittelsachsen, folgt dennoch einer Empfehlung von Herzen. Denn was zunächst unscheinbar wirkt, beherbergt am Ende seiner Schlossallee ein Domizil voller Schöngeisterei.

Über Kopfsteinpflaster, links und rechts gesäumt von gestifteten Kaiserlinden, läuft man auf den in cremefarben erstrahlenden Hauptflügel der barocken Schlossanlage zu, ohne den Blick davon abwenden zu können. Die mit Patina überzogene Turmspitze krönt den Anblick. Neben der spannenden Historie beheimatet der dreiflügelige Prunkbau Exponate ferner Kulturen sowie eine umfangreiche Sammlung zarter Scherenschnittkunst. Eine Galerie zum aktuellen Designgeschehen wird von der Fakultät Angewandte Kunst in Schneeberg bespielt. Anziehend wirkt darüber hinaus in besonderem Maße der feinsinnig gestaltete Schlossgarten. In seiner Grundstruktur ebenfalls auf die Barockzeit zurückgehend, erstreckt sich der Park terrassenartig über zehn Hektar Land. Das verspielt angeordnete Wegenetz führt zu steinernen Treppen, grazilen Statuen, abgelegenen Pavillons, Palmen- und Aloe-Vera-besetzten Pflanzenkübeln, vorüber an herrlichsten Blumenarrangements sowie zahlreichen Brunnenanlagen. Insgesamt 335 Fontänen lassen, verteilt im gesamten Schlosspark, ihre Wassertropfen tanzen. Von den verschiedenen Ebenen des Barockgartens aus eröffnen sich dem Besucher stets neue Perspektiven zum Schloss hin, aber auch ins Umland und die im Tal fließende Zschopau. Eine einzigartige Akustik durchzieht diesen Ort.

In gewisser Weise exotisch geht es auf der anderen Seite der Lindenallee zu. Dort ruhen in der Orangerie, dem hauseigenen Winterquartier, in den kalten Monaten Zitrusbäume und gleichermaßen empfindsame Pflänzchen. Am späten Nachmittag, wenn die Sonne ihre Reise zum Horizont antritt, genießt man auf dem kleinen Hügel neben dem Pflanzenanwesen mit Glasfront eine Lichtstimmung, die ihresgleichen sucht.

TIPP Gastronomie sowie kleine Galerien und Läden gibt es im Rittergut entlang der Schlossallee.

Schloss Lichtenwalde, Schlossallee, 09577 Niederwiesa/OT Lichtenwalde, Tel. (03 72 91) 38 00, www.die-sehenswerten-drei.de

ÖPNV: Bus 640, 642, Haltestelle Lichtenwalde, Gasthof Bienenstock

Handgemachtes Dufterlebnis

40 *Beti Lue. Salbenmanufaktur am Fuße vom Kaßberg*

Eine Prise Verrücktheit, zwei Messerspitzen Mut, drei gestrichene Teelöffel Stärkenorientierung, ein großer Löffel Freundschaft und jede Menge Expertise und Herzblut – so in etwa könnte das Erfolgsrezept der Powerfrauen von Beti Lue. lauten. Aus dem Mangel machten sie eine Tugend und entwickeln seit 2004 ihre eigenen Kosmetik- und Pflegeprodukte. Stets mit der Maßgabe, Präparate anzubieten, hinter denen sie zu einhundert Prozent stehen, werden im hauseigenen Labor auserwählte Zutaten zusammengebracht. Im Laden nebenan kann man sich von dessen Ergebnissen nicht nur ein Auge, sondern allem voran ein Näschen holen.
Charmant klingelt die Glocke über dem Eingang beim Öffnen der Tür. Noch dem Urheber des Klangs nachsehend, verstehen es die zahlreichen Seifenstücke und Badeperlen, alsbald alle Aufmerksamkeit auf sich zu ziehen. Als luden die kleinen Moleküle zum Tanze ein, schwingen sich die Geruchsrezeptoren in die Lüfte und genießen diese Reise ins Beti Lue.-Wunderland. Beschwingt kann man hier durchaus zwei, drei Runden um die hölzerne Anrichte in der Mitte des Raumes drehen. In Fülle sind die handgearbeiteten Naturseifen, Shampoos, Massagebars, aber auch Cremes, Öle und Badesalze präsentiert. Abgesehen von Bienenwachs werden ausschließlich vegane Essenzen verarbeitet und sind Ausgangsstoff für die eigens kreierten Pflegeserien. Diese haben so klangvolle Namen wie „Vimalsona" oder „Goldkind". Auch für die Bedürfnisse strapazierter Männer(-haut) hat die Salbenmanufaktur mittlerweile Naturpflege entwickelt.
Für die Unterhaltung der Seele finden sich bei Beti Lue. zudem Wundertüten, Wollsocken, Seifenschalen und kunterbunte Zauberknöpfe. Selbstverständlich hand- und herzgemacht, wie eben all die Facetten des Frauenunternehmens. Humor kommt hier im Übrigen auch nicht zu kurz, und so lugen, im Laden verteilt, immer wieder kleine Schilder hervor, die zum Schmunzeln bis hin zum beherzten Lachen verleiten. Es könnte draußen noch so ungemütlich sein. Dieses dufte Erlebnis trägt durch den Tag.

Beti Lue. Salbenmanufaktur, Limbacher Straße 74, 09113 Chemnitz, Tel. (03 71) 9 09 46 86
www.salbenmanufaktur.de
ÖPNV: Bus 32, Haltestelle Franz-Mehring-Straße

Handgearbeitete
Seifen
Einfach

Buntes für die Teerunde

41 *Konditorei „Honigkuchenpferd" in Gablenz*

In der lieblichen Bäckerei und Konditorei mit dem hinreißenden Namen „Honigkuchenpferd" kann es schon einmal passieren, dass die Augen vor lauter Ungläubigkeit immer größer werden. In der eigens gezimmerten Theke von Ulrike Schiller und ihrem Team wetteifern verführerische Kirsch-Marzipan-Taschen, Blechkuchen und Fruchttorten mit einfallsreichen, fantasievoll verzierten, neuen Genussformen – wie Faultier-Amerikaner, Mini-Herz-Gugelhupf, Frosch-Cake-Balls oder Kuchen am Stiel. Beim Betrachten der liebenswerten Kreationen ist man zugunsten des schönen Anblicks geneigt, das Anbeißen hinauszuzögern. Die Zeit hierfür kann man sich direkt vor Ort im gemütlichen, familienfreundlichen Ambiente nehmen. Ulrikes absolutes Steckenpferd sind Motivtorten, und was sie hierbei aus dem Hut zaubert, ist nahezu unbegreiflich. Bei einem Birkenstamm – aus Backzutaten nachempfunden und dem Original zum Verwechseln ähnlich – krönt eine Tortenebene die nächste und ist mit kleinen Blumenarrangements final geschmückt. Wer dieser Handwerkskunst unter Anleitung auf die Schliche kommen möchte, ist bei den regelmäßigen Workshops goldrichtig. Dann werden die Tische im Laden zur Tafel gestellt und in Geselligkeit darf modelliert und sich kreativ ausgetobt werden.

TIPP Klar gibt's hier für selbst gemachte „Glückskekse" auch Ausstecher in Kleeblattform.

Ein Moment der inneren Einkehr kann im Vorfeld lohnend sein, schließlich erhöht sich das Kreativitätspotenzial mit sinkender Frequenz der Gehirnwellen. Schon zwischen 20 und 14 Hertz gehen die „grauen Zellen" in den Alpha-Bereich über und lassen den schöpferischen Geist zunehmend erwachen. Für die filigrane Konditorarbeit daheim gibt es im „Honigkuchenpferd" obendrein jegliches Equipment. Backformen für jeden Anlass; Cake-Topper, Modellierwerkzeug, aber auch Zutaten wie kunterbunten Fondant, Streusel oder Zuckerfiguren – vom Wal zur Melone, vom Flamingo bis hin zum Legostein. Das Schönste ist doch aber, wenn am Ende ein bisschen Teig zum Naschen übrig bleibt. Da stellt sich dann auch schon mal ein beglücktes Honigkuchenpferd-Grinsen ein.

Bäckerei und Konditorei „Honigkuchenpferd", Adelsbergstraße 2, 09126 Chemnitz, Tel. (03 71) 27 99 99 56, www.mein-honigkuchenpferd.de

ÖPNV: Tram 5, Haltestelle Tschaikowskistraße

Geselligkeit

42 *Am Versteinerten Wald im TIETZ*

Man mag beim Betreten des Kulturkaufhauses TIETZ zunächst ein wenig Verwunderung über die seltsame Formation in der Mitte des Lichthofes verspüren. Dort ragen imposant gesteinsartige Planken in die Höhe. Beim näheren Betrachten wird man Zeuge fossiler Funde aus dem Chemnitzer Stadtgebiet. Im Zusammenhang stehen diese mit den vulkanischen Aktivitäten im Zeisigwald. Eruptionen vor rund 290 Millionen Jahren ließen Bäume wie Streichhölzer umknicken und begruben diese unter den Auswurfsmaterialien. Der Prozess der Verkieselung verwandelte das Gehölz anschließend in Pflanzenfossilien.
Nachgestellt wird diese Eruption übrigens im Museum für Naturkunde in der ersten Etage des TIETZ. Das Donnern und Dröhnen des Vulkanausbruchs auf Videoleinwand durchfahren dann das ganze Haus. Mental vorbereiten kann man sich mit Blick zur digitalen Anzeige im Lichthof. Umgeben ist das Ensemble der versteinerten Hölzer von einer durchgehenden Sitzgelegenheit. Im Angesicht erdgeschichtlicher Prozesse kann einen dort schon mal das Staunen packen. Im Wesentlichen ist dieser Ort aber von Geselligkeit, Kommunikationsfreude und Internationalität geprägt. Immer wieder nutzen Menschen jeglicher Couleur den Versteinerten Wald als Treffpunkt. Ein offenes Klima strahlt dieser Innenhof durch seinen lichtdurchfluteten Charakter bei Tag und sein indirektes Licht bei Nacht aus. Die großzügige Architektur unterstreicht die Freimütigkeit des Hauses.
Heute beheimatet das TIETZ, neben einigen Ladengeschäften und Kulturstätten im Erdgeschoss, mit dem Museum für Naturkunde das älteste Museum der Stadt sowie aufsteigend eine Galerie, die Stadtbibliothek mit Veranstaltungssaal und die Volkshochschule. Bevor all diese Institutionen einzogen, fungierte das Gebäude bis 2001 als eines der beiden großen Kaufhäuser der Stadt. Die bewegte Geschichte der Mauern und deren Vordenker reicht bis zur Erbauung ins Jahr 1912 zurück. Ein bewusstes Hinsehen lohnt sich auch bei der Gestaltung von Fassade und Außengelände.

Versteinerter Wald im TIETZ, Moritzstraße 20, 09111 Chemnitz, Tel. (03 71) 4 88 41 01
www.dastietz.de
ÖPNV: Bus, Tram, Chemnitz Bahn diverse Linien, Haltestelle Zentralhaltestelle

JEDEN
EURO.
WIR
AUSGEBEN.

In luftiger Höhe

43 *Maria-Josepha-Turm im Rabensteiner Wald*

So manche Sage rankt sich um die Erhebung mit dem schaurigen Namen Totenstein inmitten des Rabensteiner Waldes. Sie rühren aus einer Zeit, in der Miriquidi, der einstige Urwald, weite Teile der Landschaft überzog. Von einer Kultstätte zur Ehrung der Götter, einem verwunschenen Prinzen und gar einem Schatz ist dabei die Rede.
Wenn auch nicht in Form einer geheimnisvollen Truhe, wohl aber von funkelnder Herrlichkeit umgeben, gibt es auf dem Rabensteiner Höhenzug tatsächlich eine Kostbarkeit zu entdecken. Doch nur dem Träger eines reinen Herzens wird sich der milde Schein in der Leuchtmoos-Höhle offenbaren. Nüchtern betrachtet, handelt es sich bei dieser Attraktion um einen großartigen Trick der Natur, der rein physikalischen Gesetzen unterliegt. Ein bisschen Glück gehört dennoch dazu. So wird das grün-goldene Leuchten des Schattengewächses in der Abenddämmerung nur unter bestimmten Witterungsbedingungen sichtbar.
Es ist das Zusammenspiel der Elemente, auf welches in anderer Art und Weise auch die Markierungen des Baumgarten-Wanderwegs rund um den Höhenrücken hinweisen. Gewidmet einem Pionier der Luftfahrt, Ernst Georg August Baumgarten, der in diesen Gefilden ab 1871 mit selbst konstruierten Luftschiffmodellen experimentierte und erste erfolgreiche Aufstiege feierte. In luftige Höhe führt auf dem Rundweg auch der „Maria-Josepha-Turm" am beinahe erhabensten Punkt der Totensteinstraße. In 483 Meter über Normalnull setzte man 1886 nochmals einen drauf. Neu errichtet im Jahre 1998, ein bisschen höher als zuvor, doch in seiner Wendelgestalt an die Baukunst des ersten angelehnt, gewährt das Plateau an klaren Tagen einen 360-Grad-Fernblick bis zum Völkerschlachtdenkmal oder hin zu den Zipfeln des Erzgebirges. Die goldene Wetterfahne strahlt im Sonnenlicht mit der jugendlichen Schönheit seiner Namensgeberin Maria Josepha von Sachsen um die Wette und auch einige Paare beschließen über den Kronen der Fichten eine glänzende Erinnerung ihrer Verbundenheit ans Geländer zu ketten.

TIPP

160 Stufen auf und ab: Am Boden der Tatsachen bietet die „Totenstein Alm" deftige Verköstigung.

Maria-Josepha-Turm, Totensteinstraße, 09224 Chemnitz

ÖPNV: Bus 49, Haltestelle Forsthaus Grüna, ca. 1700 Meter Fußweg; Bus 253, Haltestelle Oberrabenstein, ca. 3200 Meter Fußweg

Verspielte Gemütlichkeit

44 *Im Restaurant Pelzmühle in Reichenbrand*

Eine alte Postkarte aus dem Jahre 1899 weiß mit einem Gruß aus der Pelzmühle von einem „beliebten Ausflugsort mit feenhaften Wasserkünsten und elektrischer Beleuchtung" im Chemnitzer Westen zu berichten. Auch wenn sich das Bild von damals deutlich verändert hat und Elektrizität nicht mehr explizit beworben werden muss, so wirkt gleichwohl die neue Pelzmühle in der Tradition eines Ausflugslokals mit dem Anspruch auf das besondere Etwas weiter. Heute lädt eine moderne, unverwechselbare Gebäudekonstruktion mit großformatiger Verglasung, natürlicher Holzverkleidung und einem etwas anderen Spitzdach zu traditionell-kulinarischen und kulturellen Genüssen ein. Mit großer Liebe zum Detail sind die Gasträume rausgeputzt, in jeder Ecke gibt es einfallsreiche Einzelheiten zu bestaunen. Den Blick schweifen zu lassen, bereitet ein vergnügliches Interpretieren, wie dieses und jenes zusammengehört.

So kann man zu jeder Wetterlage unterhaltsame Stunden in der Pelzmühle verbringen: Entspannt angelehnt an den kuschligen Hochlehnern im Cafébereich, von dessen Decke quietschbunte Kaffeetassen Licht in einen verregneten Nachmittag zaubern; in geselliger Runde im Wintergarten, der mit warmen, natürlichen Farben auch den kältesten Tag anzuheizen vermag und darüber hinaus mit spielerischen Traumzauberbaum-Elementen das innere Kind erweckt; einen Sommerabend mit einem erfrischenden Cocktail in der Hand auf der Terrasse ausklingen lassend.

Eingebettet ist das Restaurant in ein hochinteressantes Areal. Nicht nur baulich, auch geschichtlich haben das ehemalige Haus für Körperkultur und der Kulturpalast in direkter Nachbarschaft viel zu erzählen. Für leichte Kost sei dann aber doch lieber ein Besuch bei Alvin, dem wahrscheinlich größten Räuchermann der Welt, oder ein erquickendes Eis vom Bistro empfohlen. Und weil Glück auch eine Frage der Perspektive ist, heißt es an den Treppen zum Pelzmühlenteich für Modellschiffe und Tretboote gleichermaßen: Leinen los. Wenn da zu Wasser mal kein Urlaubsfeeling aufkommt …

Restaurant Pelzmühle, Pelzmühlenstraße 17, 09117 Chemnitz, Tel. (03 71) 52 35 67
www.pelzmuehle.de
ÖPNV: Bus 43, Haltestelle Rabenstein, Tierpark

Beglückende Versuchung

45 *„Choco Del Sol" im Biomarkt „Knackfrisch"*

„Knackfrisch" – hach, das erinnert doch sofort an einen belebenden, köstlichen Sommersalat, dekoriert mit essbaren Blüten wie Kapuzinerkresse oder Veilchen. Frisches Obst und Gemüse mit Gütesiegel – wie sollte es anders sein – gibt es in diesem Markt selbstverständlich genauso wie fair gehandelte Produkte quer durchs Bewusst-Einkaufen-Beet. Eine ganz besondere Kostbarkeit, als das Gold der Maya bezeichnet, findet sich im Genussabteil, lecker präsentiert: handgemachte Schokolade von „Choco Del Sol". Dahinter verbirgt sich nicht nur eine schmackhafte Versuchung, sondern auch ein Familienunternehmen mit Großmut und Visionen. In der kleinsten Schokoladenmanufaktur Deutschlands produzieren Peggy und Patrick Walter in historischem Gemäuer auf der Rochsburg, nahe Chemnitz, ihre schokoladigen Kreationen.

Bevor man diese verkosten kann, vollzieht sich im Regenwald Mittel- und Südamerikas ein wahrhaft wundervolles Schauspiel der Natur. Man kann kaum glauben, wie aus einer winzig kleinen Blüte im Laufe von etwa sechs Monaten eine Kakaofrucht heranreift. Um an diesen wertvollen Rohstoff zu kommen, pflegen die Chocolate-Maker Freundschaften und nachhaltige Handelsbeziehungen mit den Kakaobauern und Kooperativen in Belize und Uganda. Via Frachtsegelschiff gelangen die Kakaobohnen nach Deutschland, um in der Manufaktur in Handarbeit und mit größter Wertschätzung zu hochwertigen Schokoladen verarbeitet zu werden. Sorgfältig ausgewählte Gewürze oder Früchte verleihen dem intensiven Aroma des Kakao jeweils eine besondere Note. Von 55-prozentiger Milchschokolade über einen Kakaoanteil von 82 Prozent, zum Beispiel in der sonnigen „Fresh Orange", bis zu 100-prozentig purem Genuss – die dunklen Schokoladen haben es in sich: Magnesium, Eisen, Kalzium, Antioxidantien. Darüber hinaus wohnt dem Superfood der kleine Eiweißbaustein L-Tryptophan inne, der der Bildung von Serotonin, einem Wohlfühlhormon, dient. „Choco Del Sol" – ein absoluter Glücksgriff im Biomarkt-Regal!

TIPP Ein ganzes Schokoladen-Wochenende mit internationalen Chocolatiers zelebriert das Eurobean Festival!

Biomarkt Knackfrisch, Zschopauer Straße 279, 09126 Chemnitz, Tel. (03 71) 5 60 18 22
www.chocodelsol.com, www.eurobean-festival.org

ÖPNV: Bus 72, Haltestelle Liselotte-Herrmann-Straße

friede★freude★eierkuchen
and
ARTISAN CHOCOLATE
FROM THE BEAN
Choco Del Sol
SCHOKOLADENMANUFAKTUR
CHOCOLATE
Uganda Single Origin
COCONUT
MILK
Grown in the rainforest
Handcrafted with love
MADE IN GERMANY

Aufstehen und weitermachen

46 *Konkordiapark-Skate-Session in Schloßchemnitz*

Das kostbare Elixier Wasser ist nicht nur der Stoff, aus dem das Leben kam, sondern ebenso Ursprung eines bestimmten Lifestyles: Als in den 1950er-Jahren der Seegang am Küstenstreifen Kaliforniens schwächelte, schnallten die Wellenreiter kurzerhand Rollen unter ihre Boards und eroberten das Festland. Eine neue Sportart war geboren. Dabei ist Skateboarden so viel mehr, als eine rein körperliche Ertüchtigung. Von anfänglichen Behelfsmodellen hat sich rund um das Deck mit Rollen ein spezielles Lebensgefühl entwickelt. Die lockere Einstellung ist auf dem Weg von Meer zu Land erfreulicherweise nicht verloren gegangen, und so verbindet die Skaterszene unbeirrt Freiheit, Passion und schier grenzlose Neugier.

Ein Bild von dieser antreibenden Kombination kann man sich am Konkordiapark machen. Die gut 2000 Quadratmeter geräumige Freizeitanlage bietet neben Basketballcourt, Bolzplatz, einer Parcours-Übungsfläche sowie Dirt-Strecke auch einen Skatepark. Das Gesetz der Schwerkraft scheint hier ausgehebelt, wenn generationsübergreifend physikalische wie individuelle Grenzen ausgelotet werden. Vom Rand des insider-konzipierten Areals aus stockt einem beim Betrachten der waghalsigen Tricks der Atem, während man gleichzeitig ergriffen von dieser Begeisterung der Boarder ist und innerlich selbst mit den Hufen zu scharren beginnt. Ob „Ollie", „Kickflip" oder „Backside Nosegrind" – es entsteht ein ganz eigener Sound, wenn die Skateboarder mit ihren Brettern über Strecke und Hindernisse rauschen, bevor sie erneut durch die Lüfte fliegen.

Rund um einen „Pool" der besonderen Art hat sich die Chemnitzer Subkultur beinahe unbemerkt über die Stadtgrenzen hinaus einen Namen gemacht. Zu international ausgerichteten Contests heißt es nun nicht mehr „You, me and the waves", sondern „Bring Da Truckaz". Doch ganz gleich, ob wagemutige Techniken oder entspanntes Cruisen – die Rollen unter den Füßen sensibilisieren noch mal gänzlich neu für die Umgebung, für eigene Schranken und deren Überwindung.

Konkordiapark, Matthesstraße, 09113 Chemnitz
ÖPNV: Bus 21, 32, Haltestelle Leipziger Straße

VANS

Magische Begebenheiten

47 *Frischbornquelle im Crimmitschauer Wald*

Man stelle sich mal vor: Gerade noch trabte man im Sportmodus über unebene Wege, Wurzeln und allerlei Gehölz, beinahe unbemerkt vorbei an einer kleinen Schneise. Die Aufmerksamkeit flöge zurück, man drossele das Tempo und folge seinem inneren Kompass. Man würde in den Genuss von spontaner Entschleunigung, Achtung und innerlicher Einkehr kommen.

Vielleicht rührt es vom historischen Begriff Born her, dass man sich an der Frischbornquelle auf null gesetzt fühlt und sich mit dem Quellwasser neuen Tatendrang einverleiben kann. Zwar nicht als Trinkwasser ausgewiesen, erfreut sich die Quelle dennoch großer Beliebtheit. Manch einer misst ihr gar heilsame Kräfte bei. Und so kam es womöglich, dass man dieses eindrückliche Szenario beobachten konnte, wie ein junger Mann in einer Seelenruhe seine Glasflaschen unter dem Quellauslauf füllte, bedacht in seinem Rucksack verstaute, um anschließend inmitten des Crimmitschauer Waldes zielsicher die Heimreise anzutreten. Bis zum Ergreifen seines Blindenstockes waren ihm ausschließlich Ruhe und Demut anzusehen.

Dieser Ort ist wahrlich magisch. Weisend richtet die Sonne ihre Strahlen durchs Blattwerk der umstehenden Bäume auf eine Symbolik oberhalb des Quellrohrs. Goldgelb leuchtet dort die Blume des Lebens. Wie Blütenblätter laufen die Kreisbögen des Ornaments zusammen und stehen in dieser Form schon seit Jahrtausenden für Harmonie und Schutz. Weniger symbolisch, vielmehr mathematisch widmete sich auch der Universalgelehrte Leonardo da Vinci der Lebensblume. In einen mentalen Dialog, wahlweise mit ihm oder aber sich selbst und zum Verweilen laden an der Frischbornquelle diverse Bänke ein. Mit der Zeit haben sich nahe gelegen ein Kleingärtnerverein sowie eine Gaststätte mit Biergarten angesiedelt. Beide Adressen sind in wenigen Fußminuten erreichbar. Sollte es dann doch noch mal ein bisschen abenteuerlicher zugehen dürfen, verspricht die Röhrenrutsche am Krummen Weg im östlichen Teil des Crimmitschauer Waldes Herzrasen für Klein und Groß.

Frischbornquelle, Frischbornweg, 09114 Chemnitz
ÖPNV: Bus 21, 46, 63, Haltestelle Borna, ca. 600 Meter Fußweg

Im Lieblingskuchenhimmel

48 *Café Emmas Onkel auf dem Kaßberg*

Eines gleich vorweg: Wer sich hier einmal eine der himmlischen Kompositionen aus der Kuchenvitrine auf der Zunge zergehen ließ, wird die cremige Textur und angenehm süße Note wieder (aus)kosten wollen!
Weil Emmas Onkel, also Mathias Weiß, und seine Crew die Rezepte zum Kuchenglück mit regionalen Bioprodukten, Bewusstheit und einem goldenen Händchen auf den Teller zaubern, fühlt man sich umgehend selbst in diesen wertschätzenden Kreislauf gezogen. Man kann kaum glauben, welch Qualitätszeit ein Stück „Himbeer, weiße Schokolade-Tarte“ zu schenken vermag. Besonders wenn man jeden Bissen in vollen Zügen genießt und dabei ein paar Augenblicke absoluter Gegenwärtigkeit erlebt. Es ist ein Eindruck, der nachwirkt und eine willkommene Abwechslung zur allzu häufigen Zerstreuung im Alltag darstellt.
Verankert ist das charmante Eckcafé inmitten des bel(i)ebten Kaßbergs – einem architektonisch über die Stadtgrenzen hinaus bedeutungsvollen Viertel aus der Gründer- und Jugendstilzeit; Altbauten mit einer ganz eigenen Sprache, detailreich, verspielt, symbolhaft. Neue Entdeckungen macht man sowohl an den einzigartigen Fassaden als auch beim immer wieder überraschenden Angebot an Kuchen, Torten und Tartes. Zudem legt der Onkel von Emma großen Wert auf richtig guten Kaffee. Ob in guter Gesellschaft mit sich selbst, mit Freunden oder in Familie – in dem schnuckeligen Lokal mit den dunklen Wänden, irgendwo zwischen Petrol und Dunkelblau und korallenfarbigen Elementen hat man unter den gemütlichen Kaßbergern einfach eine gute Zeit. Am Abend wird die Auslage im Tresen mit frisch gekochten Kleinigkeiten der heimischen und mediterranen Küche gefüllt, und für das passende Getränk lohnt ein Blick auf die handgeschriebenen Tafeln. Wenn in den warmen Monaten die Türen zur Sommerterrasse weit offen stehen, ein bisschen Kiezfeeling um die Straßenecke weht und man in geselliger Runde den Tag ausklingen lässt, erwacht bereits die Vorfreude auf den nächsten Besuch beim Heimathafen vom leckersten Kuchen der Stadt.

TIPP

Ein Nachbarschaftsprojekt im besten Sinne: der herzallerliebste „Hundert Meter Weihnachtsmarkt“.

Café Emmas Onkel, Ulmenstraße 48, 09112 Chemnitz, Tel. (03 71) 28 30 64 57
www.emmas-onkel.de
ÖPNV: Bus 62, 72, Haltestelle Ulmenstraße

49 *Beim urbanen Streifzug durch Schloßchemnitz*

Zu einem ausgedehnten Spaziergang mit urbanem Flair spricht das Viertel auf dem Schloßberg geradezu eine begnadete Einladung aus. Da, wo sich detailverliebter Altbau an moderne Villen reiht und Formenvielfalt für spannende Kontraste sorgt, verspricht es dem geneigten Betrachter, auf keinen Fall langweilig zu werden. So findet man zwischen Salzstraße und Küchwaldring in alle Richtungen architektonische Perlen und Bauten, denen die Hingabe ihrer Bauherren auf den ersten Blick anzusehen ist. Bunte, manchmal von Wein umrankte Fassaden, farblich abgestimmte Fensterläden, wilde Gärten, Kerzenleuchter auf halb verglasten Balkonen, verschnörkelte Hausnummern oder goldene Türklopfer in Löwengestalt – liebenswürdige und anregende Details, so weit das Auge reicht. Die zahlreichen Eindrücke veranlassen einen, das Tempo zu drosseln, und es ist ein herrliches Gefühl, auf diese Weise Zeit zu gewinnen! Vom Müßiggang wüsste die Miez neben dem samtroten Vorhang sicher so einiges zu berichten, während sie vom Fenstersims aus leicht verträumt beobachtet, was sich auf ihrer Straße abspielt. Ein kleines Schmankerl für Interessierte der Bauhaus-Kultur findet sich am Kesselgarten, wo sich, in Weiß getüncht, die Villa Feistel zurückhaltend und stolz zugleich von ihren Nachbarn abhebt. Die 1928 errichteten klaren Strukturen dienten dem Chemnitzer Architekten Max W. Feistel als Wohnhaus und Experimentierfläche gleichermaßen und zeigen eindrücklich, wie der Bauhaus-Stil Kunst, Handwerk und Funktionalität zusammenbringt.
Villen der etwas anderen Art gibt es in diesem Viertel auch in einem kleinen, bunten Lädchen namens Vogelvillaland. So mancher schräge Vogel würde hier mit Sicherheit eine zweite Heimat finden. Über die Interpretation dessen ließe sich bei einem guten Glas Wein im Al Castello Ristorante diskutieren. Das Familienunternehmen von Silvestro Di Dio versteht es, seine Gäste charmant durch die Angebotskarte zu führen und anschließend Köstlichkeiten der apulischen Küche aufzutischen.

Schloßberg, Viertel rund um den Schloßplatz, 09113 Chemnitz
ÖPNV: Bus 79, 82, Haltestelle Hechlerstraße

Liebeslaube

Baden im Wald

50 *Panoramablick über Grüna*

Wer sich nach Natur und Eintracht verzehrt, dem sei ein bisschen „Waldbaden“ ans Herz gelegt. Hierfür benötigt man weder Badehose noch Handtuch. Vielmehr zeigt sich in diesem mittlerweile anerkannten Therapie„zweig“ die ursprüngliche Symbiose zwischen Mensch und Natur. Mitverantwortlich für das Wohlgefühl in diesen Gefilden sind bioaktive Substanzen, sogenannte Terpene, mit denen die Gewächse untereinander kommunizieren und sie dabei an die Luft abgeben. Diese chemischen Verbindungen warnen vor Schädlingen, woraufhin die grünen Weisen ihr Immunsystem hochfahren. Auch das menschliche System empfängt diese Signale, weshalb ebenso unser Abwehrsystem nach dem Aufenthalt im Wald gestärkt ist. Ganz nebenbei liefert das Zusammenspiel aus Flora und Fauna zudem noch eine Aroma- und Farbtherapie. Psychologisch wirken die verschiedenen Grüntöne beruhigend, erholsam, regenerierend. Für ein ausgiebiges Eintauchen in die Waldapotheke finden sich auf Grünaer Flur im Rabensteiner Wald zahlreiche ausgetretene und kleinere Pfade. Wie ein Netz durchziehen sie den Forst. Einer von ihnen führt circa 1500 Meter, ausgehend vom „Forsthaus Grüna“, stets am Waldesrand entlang, hinauf zum Panoramablick über den Ortsteil Grüna am Chemnitzer Stadtrand. Dass hier die Ruhe zu Hause sein muss, lässt sich schon beim Passieren der Kuhweide erahnen. Unterwegs kreuzt dann der ein oder andere Abzweig die Route, bis in westlicher Himmelsrichtung nach einem weiteren Ab- und wieder Aufstieg einige Sitzgelegenheiten zum Pausieren einladen. Dort, wo mit dem dörflich anmutenden Feldweg zur Ortsmitte ein Paar in der Sonnenuntergangsstimmung verschwindet, schaut man auf ein Landidyll wie aus dem Bilderbuch und bei guter Sicht sogar bis ins (H)Erzgebirge. Nach dem Waldbad kann man je nach Belieben im Hotel und Restaurant „Forsthaus Grüna“ einkehren, sich die regionale Küche bekommen lassen oder noch ein wenig im hoteleigenen Wellnessbereich abtauchen.

TIPP Wahlweise Höhenfluggefühle oder Schnappatmung bekommt man beim Anblick der Skisprungschanzen im Wald.

Grüna-Blick, Waldweg oberhalb der August-Bebel-Straße, 09224 Chemnitz

ÖPNV: Bus Linie 49, Haltestelle Forsthaus Grüna, ca. 1500 Meter Fußweg zum Panoramablick

Beschwingte Impulse

51 *Neuentdeckungen im Weltecho*

Der Innenhof der einstigen Kammer der Technik gibt mit seinen „Installationen“ unterschiedlichster Epochen und Kunstrichtungen bereits einen heimlichen Querverweis zur Diversität von Angeboten und Publikum im hiesigen Weltecho. Manches Detail offenbart sich erst auf den zweiten Blick, welcher dabei ruhig an der Fassade gen Himmel wandern darf. Gar eine Art Glücksdefinition ist dort irgendwo verewigt.
Die kulturelle Verschmelzung zeigt sich zudem bei den beiden Vereinen, die sich Hand in Hand für ein reichhaltiges Programm engagieren und verantwortlich zeichnen. Als Kulturzentrum beherbergt das Weltecho Programmkino, Galerie sowie Café, Bar und Club. Im Veranstaltungsplan stehen u. a. Podiumsdiskussionen, Lesungen, Ausstellungen, Improtheater oder Workshops im Rahmen des jährlichen KammerMachen-Festivals. Auch für das ein oder andere Wortscharmützel bot es bereits Raum und schönes Ambiente.
Ein bisschen schwofen und das Leben feiern kann man hier ebenso ganz vorzüglich. Den Rahmen dafür bereiten die stets humorgeladenen Partyformate. Ob Early-Bird-Veranstaltung oder 120-Minuten-Party bis zum Morgengrauen – von Motown über Electro, Indie, Dancehall und Hip-Hop läuft alles mal über die Anlage. Eine ganz besondere Spannung liegt immer dann in der Luft, wenn zu den Tango- und Salsa-Abenden eine flotte Sohle aufs Parkett gelegt wird. Zwischen die fließenden, leichtfüßigen Bewegungen der Tanzpaare huschen zum Live-DJ-Set hier und da die Reflexionen der Discokugel. Am Ende bzw. zu Beginn des neuen Tages ist der eingangs erwähnte Hof ein wunderbares Pflaster für unvoreingenommene Begegnung, über musikalische und sonstige Grenzen hinweg. Dort treffen alle zusammen, genießen die gedämpfte Lichtstimmung und losgelöste Atmosphäre, fühlen den Anregungen der Location nach und senden ihrerseits ein Echo aus. In ständigem Austausch werden wir von Impulsen genährt und geben etwas Neues in die Welt zurück. Das Weltecho ist einer dieser schönen Orte zum Sein und Ausprobieren.

TIPP Livekonzerte jeglichen Genres oder auch die Reihe „Klangwerk“ sind ein Garant für Neuentdeckungen.

Weltecho, Annaberger Straße 24, 09111 Chemnitz, Tel. (03 71) 36 46 91
www.weltecho.eu
ÖPNV: Tram 5, 6; Chemnitz Bahn C11, Haltestelle Moritzhof

BECK'S
andro

Kuriositäten-Kabinett

52 *Besondere Besuche bei SBS Deko in Schönau*

Es gibt wahrscheinlich nichts, was es hier nicht gibt. In der ehemaligen Werkhalle der Ringläufer-Fertigung, die dem gefragten Fahrradhersteller „Diamant" angegliedert war, haben an die 10.000 Fundstücke ein vorübergehendes Zuhause gefunden. Sammler einzigartiger Dinge, Tüftler, (N)Ostalgiker, Trödelfreunde, Liebhaber des Außergewöhnlichen – sie alle dürften beim Anblick des Lagers von SBS Deko ins Schwärmen geraten. Auf 3000 Quadratmetern türmen sich Schätze vergangener Tage, kuriose Fundstücke und liebenswerte Alltagsgegenstände. So manche Kindheitserinnerung wird wieder wach, wenn man durch die Gänge schlendert und eine „Artas Taschenlampe" erspäht oder aus dem Fundus original verpackter Seifen der Duft des Sonntagsbades in die Nase steigt. In der Fabrikhalle findet man Sachen, von denen man nicht einmal mehr wusste, dass man sie vermisst – wie das formschöne graue Telefon mit Wählscheibe. Welch Freude sich innerlich breitmacht, während man das Geräusch vernimmt, wenn sich die transparente Scheibe zurückdreht! Dass SBS eine wahre Fundgrube herrlicher Sachen ist, hat sich längst auch unter Szenenbildnern und Requisiteuren rumgesprochen, und so hat es das ein oder andere Schmuckstück bereits ins Rampenlicht geschafft. Ob skurril oder vertraut, sperrig oder filigran, hornalt oder retro, kunterbunt oder schwarz weiß – SBS entführt in eine andere Welt, auf eine amüsante Zeitreise und kurbelt die Fantasie an: Da sind gepolsterte Stühle zu einer Sitzgruppe zusammengestellt, auf dem runden Holztisch steht ein Teeservice mit Goldrand, beinahe so, als würde sich hier in Kürze ein Kränzchen abspielen. Dahinter eine alte Anrichte mit weiteren Kaffeekännchen. An anderer Stelle, da wo unter der fransenbehangenen Stchlampe ein smaragdgrüner Ohrensessel ruht, fühlt man sich gar an Uromas Leseecke erinnert. Bücher des vergangenen Jahrhunderts beherbergt ein separater Raum, ganz in den Geruch der alten Schmöker gehüllt. Ein Köfferchen für die Kostbarkeiten findet sich dann auch noch …

SBS Dekorationen Chemnitz, Robert-Blum-Straße 21a, 09116 Chemnitz, Tel. (03 71) 8 10 19 49 www.sbs-deko.de

ÖPNV: Bus 41, 42, 152, 251, 253, Haltestelle Friedhofstraße

FEUERWEHR 112
ROTES KREUZ 115
110 VOLKSPOLIZEI

Lichtkegel der Erkenntnis

53 *Berührendes Spiel im Figurentheater*

Das Publikum dort abholen, wo es gerade steht; Zeitgeschehen kritisch hinterfragen; Unterhaltung bieten; zum Perspektivwechsel anregen; alte Stoffe zeitgemäß interpretieren …, es ist ein anspruchsvolles Pflaster, das Theater. Diesen Drahtseilakt wagen die Inszenierungsteams im interdisziplinären Zusammenspiel der Gewerke. Eine ganz eigene, außergewöhnliche Erzählweise pflegt dabei das Puppenspiel, welches Fantasie und berührende Augenblicke wie kleine Lichtpunkte ins Dunkel des Zuschauerraums sprenkelt. Erlebbar ist jene Spielkunst auf der Bühne des Figurentheaters im Schauspielhaus. Der Gefühlsebene nachzugehen, vielleicht sogar eigene Erfahrungen abzugleichen, ist dem Publikum besonders bei Produktionen dieser Sparte der Theater Chemnitz vergönnt. Dort verhilft man den geheimen Stars der Kleinen Bühne – Puppen, Objekten, Materialien und Figuren – gemeinschaftlich ins Rampenlicht. Eine wahrliche Faszination ist es, wie die Ensemblemitglieder zwischen eigener Rolle und der führenden Hand des Puppencharakters wechseln, ihre Stimme, Mimik und Körpersprache modellieren. Die Handlung vollzieht sich im Licht ebenso wie im Schatten, und das Szenenbild wird Teil der Performance. Es sind Eindrücke, die nachklingen. Auch deshalb, weil alle Elemente zu einer Symbiose verschmelzen und diese Einheit Flow-Momente zu kreieren vermag.

TIPP Einen Blick hinter Spielplan und Kulissen wirft das vielseitige Format „Nachtschicht“.

Gut, dass dem Schauspielhaus mit dem „Theaterclub“ direkt ein Lokal innewohnt, wo man die Eindrücke der Vorstellung nachwirken lassen und sich, begleitet von einem erquickenden Tropfen, einverleiben kann. Die abgestimmte Innenraumgestaltung greift das Bühnenthema auf und verspricht im Licht der typischen schwarzen Theaterleuchten inklusive der vier Flügelklappen einen exklusiven Moment von Scheinwerferfeeling. Ganz im Sinne erhellender Augenblicke wurde auch die Schneise vom Zentrum zum Theater durch den angrenzenden Park zur „Allee des Lichts“ erkoren und mit schmucken Laternen aus den Partnerstädten von Chemnitz gesäumt.

Figurentheater und Schauspielhaus, Zieschestraße 28, 09111 Chemnitz, Tel. (03 71) 4 00 04 30 www.theater-chemnitz.de

ÖPNV: Bus 52, 62, 72, Haltestelle Clara-Zetkin-Straße/Schauspielhaus

54 *Commitment in der Boulderlounge, Altchemnitz*

Die hohen abgewinkelten Wände erinnern ein bisschen an faszinierende Eisberge und mögen zunächst einschüchternd erscheinen. Doch wenn es nach dem Team der Boulderlounge geht, gibt es wohl kaum eine Sportart, die den Einstieg derart leicht macht, wie das Bouldern. Mit einer Kletterhalle in einem ehemaligen Fabrikgebäude haben sie ihre Begeisterung für diese Form der Ertüchtigung 2010 für alle Neugierigen zugänglich gemacht; sich mit dem wachsenden Zuspruch sogar vergrößert. Ihr Konzept sowie Equipment unterliegen dabei einer steten Weiterentwicklung und sind mittlerweile auch in anderen Städten gefragt. Zu Beginn benötige man lediglich Sportsachen und Turnschuhe, um sich des Bewegungsabenteuers an der Kletterwand anzunehmen. Dabei ist dieser Sport ein richtiges Multitalent in Sachen Beanspruchung. Er vereint Koordination, Kraft, Ausdauer, Konzentration, kreatives Denken. Auch der ausgleichende Effekt auf das seelische Wohl ist nicht zu unterschätzen. Und damit nicht genug: Die Erfahrung, persönlichen Herausforderungen, eingebettet in einer solidarischen Gemeinschaft, zu begegnen, gibt der Selbsteinschätzung positive Rückmeldung. Man setzt etwas in Bewegung – und sei es zunächst „nur" der eigene Körper. Und sich selbst als wirksam zu erleben, ist ein wahrer Glücksbooster!

TIPP Wer klein anfangen will, darf sich auch zwischen die Familien an der Kinderkletterwand mischen.

Unterstützung und Ermutigung erfahren Groß und Klein innerhalb der familiären Community wie auch vom angestammten Personal. Ein, zwei Tipps, und dann heißt es: Ausprobieren! Sechs verschiedene Schwierigkeitsstufen bestimmen den Parcours; entlang der leuchtend bunten Griffe und Tritte gilt es, das Bewegungsrätsel zu lösen. Zwei weitere „Jokerfarben" schaffen zu den wöchentlich wechselnden Routen zusätzliche Abwechslung. Hier kann man (wieder) ein Gefühl für sich selbst entwickeln. Verbundenheit mit anderen sowie Entspannung kommen dabei aber keineswegs zu kurz. Dafür sorgen auch das hauseigene Bistro oder die Freiluft-Lounge. Ein Besuch in der Boulderlounge ist eine bewegte Angelegenheit!

Boulderlounge Chemnitz, Altchemnitzer Straße 5, 09120 Chemnitz, Tel. (03 71) 67 60 07 90
www.boulderlounge-chemnitz.de
ÖPNV: Bus 52, Haltestelle Bruno-Salzer-Straße

Lauschiges Inselflair

55 *Auf der Schloßteichinsel*

Dort, wo einst die Wiege von Chemnitz war, am Schloßberg, schmiegt sich zu dessen Füßen eine Idylle der besonderen Art ins Stadtgetümmel. Eine grüne Oase, ein Ort von Ausgelassenheit und Geselligkeit oder um vom Alltag abzuschalten. Die Schloßteichinsel lockt mit verwunschenen Ecken hinter Rhododendronbüschen, Plätzen unter bestärkenden Mammutbäumen oder Sitzgelegenheiten zwischen Schilfstängeln direkt am Ufer. Es ist ein bisschen, als würde man für die Dauer des Aufenthalts in eine andere Welt eintauchen, sobald man eine der beiden Rundbrücken überquert. Dann macht die Alltäglichkeit Pause, und neben fröhlichen Kinderstimmen vom Holzspielplatz prägen heitere Begegnungen und Zufriedenheit das Feeling. Zum Treffpunkt von Lebensfreude und Fantasie wird die Insel, wenn die ersten lauen Nächte warten und sich das kleine, bezaubernde „Fuego a la Isla Festival“ rund um den Musikpavillon ansiedelt. Zwischen detailverliebten Deko-Elementen, bunten Stages und Workshops, lauschiger Lichterstimmung und vielfältigen Gaumenfreuden wird ein einzigartiger Spirit zelebriert.

Für den gemütlichen Sonntagsspaziergang lädt über das aufgeschüttete Festland hinaus zudem die Promenade rund um das Schloßteichufer ein. Hier lässt sich kaiserlich flanieren, während man elegant den Sonnenschirm über der Schulter hin und her dreht. In den Schatten übergehend, führt die Chaussee der Linden und Ulmen an der Gondelstation vorüber. In farbenfrohen Booten kann man das Areal so auch zu Wasser erkunden oder sich entspannt über den Teich schippern lassen. Besonderer Beliebtheit erfreuen sich die Tretboote im Flamingo- und Schwanen-Gewand. Einem Höckerschwan schienen die Neuzugänge vor einigen Jahren ebenso zu gefallen. Die Liebe sollte jedoch unvereinbar bleiben. Ob nun frisch verliebt oder realitätsliebend: Am gegenüberliegenden Ufer, vorbei an der Wasserfontäne, erquickt das Café Milchhäuschen schon rein visuell, aber auch genüsslich. Am hauseigenen Bootssteg anlegend, sind es nur wenige Stufen bis zum Eisbecher-Glück.

Schloßteichinsel, Schloßteichstraße, 09113 Chemnitz
www.cafemilchhaeuschen.de
ÖPNV: Bus 21, 32, Haltestelle Richard-Hartmann-Platz

Unikate im Schaufenster

56 *Kunsthandel in der Galerie Schmidt-Rottluff*

Sie wirken ein bisschen wie Kulissenteile einer historischen Szene vom mondänen Treiben auf dem Marktplatz in den Goldenen Zwanzigern – die haubenartigen Sonnenverdecke über den Schaufenstern am Neuen Rathaus. Bereits aus der Ferne ziehen die weißen Muscheln an der dunklen Fassade die Blicke auf sich.
Nicht ganz so alt und doch von großer Bedeutung ist die Geschichte der Galerie Schmidt-Rottluff, die seit vier Jahrzehnten die Ladenflächen am Markt belebt. „Glueck Auf – kumm 'rei" verkündet ein Holzengel, federleicht im Raum schwebend, nachdem man durch den Windfang den Laden betreten hat. Seiner Einladung folgt man gern.
Der erste der beiden Verkaufsräume ist ganzjährig der Erzgebirgischen Volkskunst gewidmet. Von Pyramiden über Spieldosen, Räucherfiguren bis zu Schwibbögen und vielem mehr lässt sich in der Galerie alles bestaunen, was die „Männelmacher" aus dem Erzgebirge über die Drechselbank schicken. Dabei reicht die Palette von schlichtem Design bis zu üppigen Verzierungen. Den knopfbesetzten niedlichen Schneemännern ist es ein Leichtes, den Betrachter mit seinen Kulleraugen um den Finger zu wickeln. Fürsorglich drapiert, gesellen sich dazu je nach Jahreszeit verschmitzte Häschen oder gepunktete Engel.
In feiner Balance zum Kunsthandwerk steht im Raum nebenan die zeitgenössische Kunst im Mittelpunkt. Einst als Plattform für lokale Kunstschaffende gedacht, bietet der Kunsthandel Schmidt-Rottluff heute unzähligen Künstlern von überall einen Hafen. Raffiniert präsentiert sind die Exponate der Keramik- und Porzellankünstler. Zahlreiche Originale von regionalen Größen der Malerei ebenso wie Kunstdrucke von Hundertwasser oder das weltberühmte Motiv „Der Kuss" von Klimt schmücken Wände sowie Empore über den Ausstellungsräumen. Auf dem roten Sofa im letzten Winkel hat man nicht nur einen wunderbaren Überblick und kann der Kunst und ihren Emotionen nachspüren. Hier schenken einem auch die Galeristen ein Ohr und beraten voller Wertschätzung zu den Künstlern und deren Werken.

Galerie Schmidt-Rottluff, Markt 1, 09111 Chemnitz, Tel. (03 71) 6 76 11 07
www.schmidt-rottluff.de
ÖPNV: Bus 62, 72, 79; Tram 1, 3, 4; Chemnitz Bahn C11, Haltestelle Roter Turm

Wie im Märchen

57 *Das liebreizende Hotel Schloss Rabenstein*

Es erinnert schon von außen an eines dieser Märchen mit rauschenden Festen, zertanzten Schuhen, Glück verheißenden Haselnüssen oder einer kleinen Erbse – das Hotel Schloss Rabenstein. Aus dem Jahre 1776 stammt dieses architektonische Juwel, seinerzeit vom Kaufmann Johann Georg Siegert in Auftrag gegeben.
Wie der Gutsherr persönlich vermag man sich einen Augenblick lang fühlen, wenn sich die Flügeltüren des Herrenhauses im Stil eines Barockschlösschens ganz automatisch öffnen. Das freundliche Gemüt im von Kronenleuchtern erhellten Foyer heißt seine Gäste willkommen und gewährt Zugang zum „Restaurant Siegert" inklusive hauseigener Bar und Wintergarten. Mit dessen späteren Anbau um 1902 kamen zum Barocken auch Elemente des Jugendstils. Im Spiegelsaal mit prunkvoller, goldener Deckenverzierung und auserlesener Dekoration verbinden sich beide Epochen in stimmiger Art und Weise. In diesem feierlichen Ambiente weiß der herzliche Hofstaat des Schlosshotels den Genussmoment mit frisch zubereiteten, raffinierten Kompositionen aus der Küche zu perfektionieren. Überhaupt sind besondere Momente die Spezialität des Hauses. Kein Wunder, dass Hoch-Zeiten hier hoch im Kurs stehen. Für den schönsten Tag bietet das Viersternehotel nicht nur einen eigenen Trausaal, sondern auch eine exklusive Hochzeitssuite in königlichen Purpur-Schattierungen. Die ruhig gehaltenen Einzel- und Doppelzimmer mit ihren stimmungsvollen Grüntönen versprechen derweil hochgradig erholsame Stunden. Mit größter Hingabe widmet sich das Team des Schlosshotels dem Wohl seiner Gäste, ohne dabei den Blick für die Förderung und Potenziale individueller ebenso wie gemeinschaftlicher Weiterentwicklung zu verlieren. Inklusion und Exklusivität vermögen hier Hand in Hand das gewisse Etwas zu zaubern und dem Gast märchenhafte Erinnerungen zu bescheren. Was ein festliches Ambiente doch mit dem eigenen Seelenheil anstellen kann! Wahrlich eine märchenhafte Adresse, das Hotel Schloss Rabenstein.

TIPP Im Sommer laden außerdem Sonnenterrasse und Freisitz unterm Walnussbaum zum Genießen ein.

Hotel Schloss Rabenstein, Integrationsbetrieb, Thomas-Müntzer-Höhe 14, 09117 Chemnitz, Tel. (03 71) 4 44 66 40, www.hotel-schloss-rabenstein.de

ÖPNV: Bus 253, Haltestelle Burg Rabenstein

Im Herzen barfuß

58 *Uferstrand an der Chemnitzpromenade im Zentrum*

Oftmals muss man gar nicht weit reisen, um dem Fernweh ein Schnippchen zu schlagen und der Sehnsucht, Sand zwischen den Zehen zu spüren, nachzugehen. Allen Menschen mit Meerweh bietet der Uferstrand inmitten urbaner Fläche ein liebliches Domizil, an dem man die Zeit zwischen den Fingern zerrinnen lassen kann, ohne dabei den Kopf in den Sand zu stecken. Vielmehr wehen eine erfrischende Leichtigkeit und mit etwas Euphorie im Gepäck gar eine salzige Brise um die Strandbar. Sonnengeküsst im Liegestuhl, die warmen Sandkörner unter den Fußsohlen, ein kühles Getränk in der Hand. Da fährt der Puls runter und macht ein bisschen Urlaub im Alltag. Für den bewegenden Ausgleich zu diesem sorgen aktivierende Angebote wie Beachvolleyball oder Yoga am Pool. Ja, auch daran wurde gedacht! In Lagunenblau setzt er einen glasklaren Akzent zwischen die verträumten Details der Eventlocation. Ein Plätzchen im Schatten halten selbst gezimmerte Palettenmöbel unter großzügigen Pavillons bereit. Einen knackigen Salat ebenso wie das beliebte und belegte Hefegebäck samt Italia-Flair reicht die kleine Pizzeria nebenan über den Tresen und auch im überdachten Teil vom Uferstrand lässt sich so manches gemütliche Eckchen entdecken.

Getreu dem Motto, aus Zitronen Limonade zu machen, wenn das Leben diese bereithalte, versteht sich die Allround-Location keineswegs als reiner Sommersitz. Auch in den kühleren Monaten steppt hier der Bär, wahlweise auf den Tischen oder zum Eisstockschießen. Darf es dann mal etwas geruhsamer zugehen, gewährt ein Plateau oberhalb des Chemnitzufers ein wenig Abschottung und Gelegenheit für Tagträumerei. Unbemerkt hält dabei sogar die Sanduhr für einen Moment inne.

Am Abend, wenn sich der Himmel in sanften Übergängen von Zartblau zu Pastellgelb färbt und der leuchtende Ball hinter den Häusern verschwindet, ist man wieder beim Urlaubsfeeling. Hier strandet man gerne und wenn man Tage später noch ein paar dieser Sandkörner aus dem Schuh schüttelt, ist das doch Glück, oder?

Uferstrand, Falkestraße 2, 09111 Chemnitz, Tel. (03 71) 23 53 03 08
www.uferstrand.de
ÖPNV: Tram 5, 6; Chemnitz Bahn C11, Haltestelle Moritzhof

Zwischen Gemütlichkeit

59 *„ankh cafe kneipe“ in Schloßchemnitz*

Das Potenzial eines in die Jahre gekommenen Industriestandortes zu erkennen, seine Flächen neu zu denken und diesem Areal letztlich neues Leben einzuhauchen, ist in der Schönherrfabrik in Bilderbuchmanier gelungen. Historie, architektonische Lösungen und die Vielfalt der ansässigen Gewerbe machen die alte Webstuhl-Fabrik von Louis Ferdinand Schönherr heute zu einem äußerst spannenden Spot. Eingebettet in dieses bunte Potpourri aus 130 Gewerbeeinheiten – von Fotostudio, Eventgastronomie, Naturbaumarkt, Yogazentrum, Skatehalle, Bildungsinstitut bis zum Künstlerhaus „K40“ und Unternehmen der unterschiedlichsten Branchen – ist auch das „ankh“.
Zwischen Kneipenfeeling und Ausstellungsromantik schmiegt sich ganz viel Gemütlichkeit. Auf zwei Etagen bieten rund 80 charmante Holzstühle Platz, um an urigen Holztischen zu schlemmen und zu plaudern. Indirekte Beleuchtung lässt den warmen Rotton des Gemäuers in den Raum zurückstrahlen und erhöht das kuschlige Wohlbehagen. Die offene Gestaltung der Ebenen prägt einen gewissen Galeriecharakter; eine Vorlage, die nicht ungenutzt bleibt. In wechselnden Ausstellungen zieren Lichtbildnereien regionaler Fotografen die Wände – die Perspektiven sowie Motive und deren Inszenierung sind immer wieder neu und anregend.

TIPP Im Frühjahr tauchen Tausende Kirschblüten das Gelände der Schönherrfabrik in ein liebliches Zartrosa.

Ein weiteres wohnliches Element des ankh sind einige Regale, reichlich gefüllt mit alten Schmökern, deren poetische Titel unwillkürlich die Melodie der Fantasie anstimmen. Hier findet sich auch der versteckte Hinweis auf den Ursprung des Lokalnamens.
Möglich, dass ab und an das ankh-Team selbst in diese Bücherwelten eintaucht und Inspiration für die Küche sucht. Neben dem hausgemachten Eistee und lauwarmen Schokokuchen mit Eis und Sahne sei zudem die mediterrane Küche des Hauses empfohlen. Wöchentlich wechselnde, frisch zubereitete saisonale Spezialitäten ergänzen die ankh-Klassiker und Lieblingsessen wie würzige Bratkartoffeln, Currys oder Falafel-Salate. Buon Appetito!

ankh cafe kneipe, Schönherrstraße 8 (Gebäude 8a, Eingang J), 09113 Chemnitz, Tel. (03 71) 4 58 69 49, www.cafeankh.de
ÖPNV: Bus 23, Haltestelle Schönherrpark

Farb-Meditation

60 *Innere Einkehr und Stadtansichten in Adelsberg*

Da, wo sich der Landstrich sichtlich in Richtung Erzgebirge erhebt und es vom Großstädtischen ins Randgebiet übergeht, blickt man vom Adelsberg in den Kessel hinab. Von hier aus erkennt man die typische Silhouette der City. Ein Umriss, der jeder Stadt so eigen ist. Einer dieser markanten Punkte in Chemnitz ist zweifelsohne der „Buntstift"! Dabei handelt es sich nicht etwa um ein gewöhnliches Schreib- und Zeichengerät, sondern vielmehr um das höchste Bauwerk des Freistaates und eines der weltweit höchsten Kunstwerke: der Schornstein des Heizkraftwerkes. Mit seinen 302 Metern ragt er übers Land und kündet dem Urlaubsrückkehrer schon von Weitem die Heimat an. Im Übrigen ebenso des Nachts, wenn 168 LED-Leuchten die sieben farbenfrohen Segmente der Esse anstrahlen. 2013 geschah die Verwandlung des grauen „Lulatsch" (wie der Schornstein umgangssprachlich genannt wird) zum bunten Stadtsymbol nach einem Entwurf des französischen Künstlers Daniel Buren. Dieser ordnete die Farben von unten nach oben einfach alphabetisch: Aquamarin – Erdbeerrot – Gelbgrün – Himmelblau – Melonengelb – Signalviolett – Verkehrsgelb. Et voilà!

Einen ganz fantastischen Blick auf das Farbspektakel beim Energieversorger und all das Grün der Stadt hat man vom Spürweg aus. Wie ein Regenwurm schlängelt sich die Straße zum Wald empor. Von hier aus führen wilde Pfade über Stock und Stein zum „Adelsbergturm", Aussichtspunkt und Gastronomie unter einem Dach bzw. Turm. Außerdem Ausgangspunkt für entschleunigte Touren zum Sternmühlental oder zur Meridian-Säule, die entlang des 13. Längengrades beispielsweise mit Stralsund und Malmö im Norden oder Palermo im Süden verbindet. Auf Verbundenheit – mit sich selbst und der Welt – zielt zudem das Buchstabenkürzel am Banksockel ab. S und H stehen hier für das Mantra „so ham". Eine Formel, die meditativ wiederholt beim Einswerden begleitet. Für eine Farb-Meditation wiederum liefert der Chemnitzer Schornstein bei Bedarf sieben bunte Anregungen: Einatmen auf „Lu", ausatmen auf „latsch" …!

TIPP Ein Chemnitz-Souvenir? Wie wäre es mit Strümpfen oder einem Schal im Schornstein-Design?

Spürweg, 09127 Chemnitz

ÖPNV: Bus 704, Haltestelle Euba, Ortseingang, ca. 1000 Meter Fußweg

Auf Schleichwegen

61 *Tempo drosseln am Grünzug Kappelbach*

Am südlichen Fuße des Kaßbergs taucht sie auf: die Sächsische Städteroute D4, ein Teil des Radfernweges, der quer durch Deutschland verläuft und ebenfalls in Sachsen zahlreiche Städte miteinander verbindet. Mit dieser Information im Gepäck erschließt sich einem auch endlich das Logo zur Wegkennzeichnung: ein Fahrradreifen, halbseitig mit einer roten Fläche zum D deklariert und der weißen Vier – geleitet vom östlichsten Zipfel in Deutschland zum westlichsten Punkt.
An der Ulmenstraße geht die im Chemnitzer Westen sonst eher ruhiger gelegene Streckenführung in die Zone trubeligen Berufsverkehrs über. Das klingt zunächst wahrlich wenig verlockend, doch entscheidend sind hier Fortbewegungsform sowie Perspektive. Wohltuende Entschleunigung stellt sich augenblicklich mit Betreten einer kleinen, grünen Oase parallel zur Verkehrshauptschlagader ein. Der sandige Boden ist eine willkommene Abwechslung zum Asphaltgrau, junge Bäume und Sträucher werfen interessante Schattenformationen auf den Weg und am schmalen Strom des Kappelbachs hüpfen die Wassertropfen fröhlich kleine Stromschnellen hinab.
Erhebt man den Blick vom Spiegelbild des Bächleins in die Umgebung, lunzt hinter dem kunstvoll geschwungenen Holzzaun am anderen Ufer die Holzkirche hervor. Von der Einfachheit der Architektur sollte man sich nicht über die Historie und Innengestaltung der ehemaligen Behelfskapelle hinwegtäuschen lassen. Weitere Eindrücke vielfältiger Baukunst gewinnt man von hier aus beim Weiterschlendern auf wenigen Hundert Metern. Vom preisgekrönten Neubau über Klinkerfassade, eine denkmalgeschützte Hochgarage im Stil der „Neuen Sachlichkeit“, Wohnhäuser samt Türmchen und Wetterfähnchen mit Inschrift bis hin zur wiederbelebten Industriebrache. Ganz im Sinne der Achtsamkeit, sprich der fokussierten Aufmerksamkeit, ist so manches Mal der Blick fürs Detail gefordert. Im nächsten Park, am Übergang zur Innenstadt, stellt sich dann nur noch die Frage: Innehalten, losradeln oder rein ins Getümmel?

TIPP Besonders atmosphärisch zeigt sich diese Oase am frühen Morgen, wenn der Tau noch am Grashalm hängt.

Grünzug Kappelbach, Ulmenstraße/Zwickauer Straße, 09112 Chemnitz
ÖPNV: Tram 1, Haltestelle Industriemuseum

Glücks
ort

62 *Der Boofeladen in Bernsdorf*

Dass in dem Neubau am Bernsdorfer Kreuz etwas Besonderes schlummern muss, ahnt man schon, wenn in den Sommermonaten etliche Zelte den Garten schmücken und tibetische Wimpelketten im Wind flattern. Dabei sind es durchaus auch fünf orange leuchtende Buchstaben, die Neugierde wecken. BOOFE. Der Name steht für Draußensein, Übernachtung in der Natur und Abenteuer.

Wie auf einer Bergtour in schwindelerregender Höhe kehrt man im Boofeladen in eine heimelige Stube ein. Von einer hellen Holzdecke behütet, führt ein Pfad durch den offenen Raum. Abseits des Weges wird zwischen geschichtsträchtiger Wäschemangel und einem zum Kleiderständer umfunktionierten Wagenrad präsentiert, was die Macher des Outdoorladens erprobt und für gut befunden haben. Qualität und Funktionalität haben oberste Priorität. Ebenso konsequent zieht sich auch der Nachhaltigkeitsgedanke durch das Angebot. Neben Bekleidung findet der affine Kunde hochwertiges Zubehör für die nächste kleinere oder größere Expedition. Aus ihrem reichen Erfahrungsschatz heraus wissen Stephan und Sandra genau, was außerhalb des Großstadtdschungels funktioniert, und bieten für sämtliche Outdoorbelange – ob Schneeschuhwanderung oder Safaritour – eine persönliche und ehrliche Beratung an. Ihre Expertise ist weit über die Stadtgrenzen hinaus bekannt.

Zum Treffpunkt für Fachgespräche unter Outdoor-Liebhabern wird regelmäßig nicht nur die nachempfundene Feuerstelle im Laden, sondern auch die legendäre Vortragsreihe. Für den „Boofeabend“ wird an auserwählten Freitagabenden die Orangerie der TU gekapert. Hochkarätige Referenten vermögen das Publikum in Stecknadel-Stimmung zu versetzen, holen die weite Welt mit beeindruckenden Bildern und spannenden Weltenbummler-Geschichten in den Hörsaal. Das ist Abenteuerfeeling hautnah. Man möchte prompt seine sieben Sachen packen und von dannen ziehen. Zu entdecken gibt es allerhand, das zeigt auch die Bandbreite der Themen. Doch bekanntlich reist man ja in die Ferne und findet … sich selbst.

Boofeladen, Bernsdorfer Straße 68, 09126 Chemnitz, Tel. (03 71) 5 60 75 50
www.boofeladen.de
ÖPNV: Tram 2, Haltestelle Gutenbergstraße

BOOFE
BOOFE-Der Trekkingladen

Wohnzimmerflair

63 *Kaßbergs Kiezkneipe aaltra im Haus Arthur*

Bei längerem Betrachten fällt einem sicherlich so manche Gemeinsamkeit einer antiken Föhnhaube und einer ausgedienten Schreibmaschine ein. In erster Linie zielt die Benennung jedoch auf folgende gemeinsame Schnittmenge ab: das Wohnzimmer von Jörg Walther. Nicht etwa in seinen privaten vier Wänden und eben doch mit mindestens genauso viel Herzblut und Freude gestaltet, hat er im Haus Arthur allerhand beseelten Möbelstücken und Ausstattungsgegenständen eine neue Heimat geschenkt, Dinge neu zusammengebracht und einen einzigartigen Charme kreiert.

Nachdem der Barmann gerade durch die Schwingtür, die an den Wilden Westen erinnert, hinter der Bar verschwunden ist und man überrascht eine alte Zapfhahnanlage als Kleiderständer entdeckt hat, bleiben die Blicke auf der reich mit Postern versehenen Wand hängen. Diese schwelgen von zahlreichen, beinah familiären Konzerten in dem urigen Stübchen. Von der lokalen Nachwuchsband bis zur Kapelle aus Übersee – im aaltra gibt es so manchen Geheimtipp auf die Ohren, und auch sonst läuft hier richtig gute Musik über den Plattenspieler. Im Wohnzimmer angekommen, hat man die Qual der Wahl. Ein prächtiges Potpourri an Sitzgelegenheiten hätte nicht nur selbst grandiose Geschichten zu erzählen, sondern lädt zum heimeligen Hinfläzen und zu geselliger Plauderei ein. Nicht selten passiert es, dass die Gedanken abschweifen und ein neues Detail in der ausgefallenen Wohnzimmeratmosphäre alle Aufmerksamkeit auf sich zieht. Wo sonst hängt eine Rack Tom von der Decke und taucht den Raum in schummriges Licht? Zu überraschen wissen das aaltra und Konsorten zudem stets aufs Neue mit außergewöhnlichen Feierabendformaten. Mal „Jaackpott raaten", mal „Schallgarten". Apropos Garten: Wenn im Sommer die Junikäfer um die Bäume und die Bierkorken über den Freilufttresen zischen, dann ist es Zeit für den Biergarten und schöne Stunden auf der Hollywoodschaukel. Umgeben von bunten Lichterketten lassen sich die lauen Nächte herzerfrischend mit Freu(n)den genießen.

aaltra, Hohe Straße 33, 09112 Chemnitz, Tel. (03 71) 36 76 93 17
www.aaltra-chemnitz.de
ÖPNV: Bus 62, 72, Haltestelle Kaßbergauffahrt

Glücksforschung

64 *Zur Mittagspause am Uni-Campus in Reichenhain*

Für alle Wissensdurstigen, notorisch Neugierigen oder das Leben Studierenden dürfte der Uni-Campus ein nettes Plätzchen sein, um gelegentlich ein paar inspirierend forschungsfreudige Schwingungen abzugreifen. Ungeachtet von Fakultätszugehörigkeit, ganz gleich ob Erstsemester oder Prof – an der Mensa laufen alle Fäden zusammen. Kaum ein anderer Ort steht derart exemplarisch für Zusammenkunft und Kommunikation. Es herrscht Dynamik; eine Stimmung, gemischt aus Leichtigkeit und Anspruch. Eine Kombination, die Lernende jeden Alters beinahe wie von selbst antreibt, sich Wissen und Welt anzueignen. Möchte man im erhellenden Lichte der Technischen Universität und seiner Kantine – zwischen Wohnheim, Hörsaal, Forschungsinstitut und Studentenclub – nicht nur ein entspannt-lebendiges Mittagspäuschen verbringen, gibt es für Selbst- und Weiterbildung allerhand Angebote. Auch fernab des regulären Studienalters. Ansonsten sind es, neben dem Leben selbst, in besonderer Weise zwischenmenschliche Begegnungen, die uns etwas lehren. Sei es beim flüchtigen Plausch an der Kasse oder bei einer überraschenden Unterhaltung mit Tiefgang zu Tisch: Kleine Impulse warten an jeder Ecke! Die großzügige Gestaltung von Mensa, ebenso wie des Vorplatzes, spielt dem freigeistigen Denken jedenfalls in die Karten. Die Sprachen, in denen hier geträumt, gedacht und gesprochen wird, bringen die halbe Welt nach Chemnitz. Gut 100 Nationen teilen die TU als ihr universitäres Zuhause miteinander und gestalten ein farbenfrohes Campusleben. Ein Besuch im Club der Kulturen in direkter Nachbarschaft dürfte ein schönes Bild der kulturellen Bandbreite zeichnen und hält garantiert (er)leuchtende Anregungen bereit. Unterhaltsames und Informatives bietet der CdK dazu allemal. Mitunter sind es jedoch zunächst unscheinbar wirkende Beobachtungen, die später für mehr Durchblick sorgen. So wie hier am gläsernen Bau der Mensa, wo uns das studentische Gewusel gern an unsere eigene Lebendigkeit und Forscherlust erinnern darf.

TIPP

Von Croissant bis Wok-Gericht: Das vielfältige Menü umsorgt den kleinen, wie großen Appetit.

Mensa-Vorplatz, TU Chemnitz, Reichenhainer Straße 55, 09126 Chemnitz
www.swcz.de/verpflegung

ÖPNV: Bus 53, 73, 82; Tram 3; Chemnitz Bahn C13, C14, C15, Haltestelle TU Campus

BAPTIST DE PAPE
THE POWER OF THE HEART
HERDER
KREUZ
HANNO BECK
ALOYS PRINZ
GLÜCK
CHEMNITZ

Erhellende Momente

65 *Wohnliches von Donna Quijote am Brühl*

Don Quijote, eine vielfach interpretierte Figur der Weltliteratur, hat offensichtlich auch in Chemnitz einen Stein im Brett. Als künstlerische Plastik ziert er mit Lanze, Rose und seinem Pferd Rosinante das Foyer des Opernhauses. Und auch in die Ladentür von Denise Quarch hat er einen Fuß gesetzt und ihrem freigeistigen, künstlerischen Schaffen als Nameninspirator Pate gestanden.

Eindrücklich geprägt von paradiesischen Orten am anderen Ende der Welt mit einem unsäglichen Müllproblem entschied sie sich, zurück in Deutschland, dazu, eine kleine Welle in Bewegung zu bringen. Unter dem Label „Donna Quijote" wertet sie seit 2013 vernachlässigte Materialien auf; Gegenstände, die anderswo in der Tonne landen oder gar die Umwelt verschmutzen. Alles, was sie zwischen die Finger bekommt, wird in überraschende Wohnaccessoires verwandelt.

Ihr Spezialgebiet gilt den erleuchtenden Momenten, und so ist es kein Wunder, dass ihr kleiner Laden am Rand des Brühls in eine famose Lichtstimmung getaucht ist. Von allen Seiten her erstrahlen von Holzkisten an der Wand ihre leuchtenden Kunstwerke. Von der Vintage-Kaffeemühle über antike Schmöker bis hin zur knorrigen Weinrebe und geleerten Ginflasche – Denise beleuchtet alles! Mit dem Blick fürs Außergewöhnliche, ihrer Liebe zum Detail und technischem Know-how. Die Lampenschirme designt und gestaltet die Lebefrau mit Motiven, die ihr lieb und bedeutsam sind; gern auch entsprechend spezieller Kundenwünsche. Eine besondere Lampenserie ist den Bewohnern der Meere gewidmet, mit deren Erlös sie eine NOG unterstützt und auch damit den Kreislauf von Bewusstwerdung, Mitgefühl, Verantwortung und Umweltschutz beleuchtet sowie antreibt. Ihre Einblicke, Erfahrungen ebenso wie handwerkliche Expertise teilt die gelernte Technikerin in DIY-Workshops, wenn sie ihr Sammelsurium ausbreitet und fades Glas zu Windlichtern aufpoliert oder mit Steingewächsen bepflanzt wird. Upcycling ist nicht nur eine nachhaltige Idee, sondern darüber hinaus noch höchst dekorativ.

Donna Quijote, Hermannstraße 14, 09111 Chemnitz, Tel. (03 71) 23 53 61 88
www.donnaquijote.com
ÖPNV: Bus 23, 51, 79, Haltestelle Georgbrücke

66 *All-Tag im Kosmonautenzentrum am Küchwald*

Wenn man nicht weiß, dass im Küchwald u. a. das Kosmonautenzentrum zu Hause ist, könnte ein Blick durch die Baumkronen durchaus irritierend wirken. In freier Wildbahn ragt eine strahlend-reine Rakete empor. Gestalterisch am sowjetischen Typ „Wostok“ angelehnt, entspricht sie mit ihren stattlichen 36 Metern Höhe der wahren Größe einer Weltraumrakete! Kleinere Modelle lassen sich in einer Vitrine im Eingangsbereich bestaunen, wo man auch schon von der Stammbesetzung des Kosmonautenzentrums begrüßt wird. Seit der Einweihung im Jahr 1964 werden hier Kinder und Jugendliche von ihresgleichen an die Faszination der Raumfahrt herangeführt und zu waschechten Crewmitgliedern ausgebildet. Verantwortungsübernahme und Gemeinschaftssinn sind dabei zentrale Elemente. Wie offen, hilfsbereit und fachkundig die jungen Leute agieren, davon zeugt die beherzte Betreuung der Besucher.
Um die Ecke in der Testhalle lassen sich an verschiedenen Stationen Reaktionsvermögen, Kondition, Reparaturskills unter erschwerten Bedingungen oder der Gleichgewichtssinn nach diversen Runden im Drehstuhl erproben. Gewissenhaft und tief ehrlich wird dem Probanden auf der Testkarte die Raumfahrt(un)tauglichkeit bescheinigt.
Dann wird es ernst. Die Crew führt ins Herzstück des Erlebnispädagogischen Zentrums: die Rakete. Beim simulierten Raumflug in der nachempfundenen Raumkapsel darf man dem Kommandanten, Bordarzt, Bordingenieur und Flugbegleiter aus nächster Nähe über die Schultern schauen, wie sie mit der Zentrale kommunizieren und das Flugobjekt sicher in den Orbit manövrieren. Man weiß nicht genau, ob die Schlafsäcke an der Decke aus Gründen der optimalen Raumnutzung oder der Schwerelosigkeit über einem schweben. Doch dass die AG Stammpersonal mehrfach den ersten deutschen Raumfahrer, Namensgeber und Ehrenkosmonauten des Hauses Dr. Sigmund Jähn ins All befördern durfte, beweist wohl deren Expertise. Zum Greifen nah und doch so fern – im Kosmonautenzentrum wird All-Tag ganz neu verstanden.

Kosmonautenzentrum „Sigmund Jähn“, Küchwaldring 20, 09113 Chemnitz, Tel. (03 71) 3 68 58 40
www.solaris-fzu.de
ÖPNV: Bus 21, Haltestelle Ludwigstraße; Bus 79, Haltestelle Schloßberg

Grüne Daumen

67 *Kleingartensparte „Vereinte Kraft“ in Gablenz*

Es ist eine Wonne für Aug' und Gemüt, wenn man wie zum Sonntagsspaziergang durch die Gartensparte im Ortsteil Gablenz schlendert. Der Bezeichnung Kleingartenanlage mittlerweile etwas entwachsen, lässt sich hier ausgiebig lustwandeln. Vom Vereinsheim aus wähnt sich ein Eindruck vom Ausmaß des Paradieses samt Fernblick zu Kirchtürmen und industriellen Turmbauten. Zusammen mit drei weiteren Gartenvereinen begrünen die Mitglieder der „Vereinten Kraft“ ein unglaubliches Gelände. Entlang der gepflegten Maulbeer- und Ligusterhecken erblüht in jeder Parzelle ein ganz eigenes Mikrosystem. Besonders schmückend wirken dabei die entzückenden „Wassermann-Lauben“, die ab Mitte der 1920er-Jahre nach Ideen des Grundstückinspektors Leopold Wassermann das Bild der Kleingartenlandschaft prägten. An diesem Sehnsuchtsort kamen und kommen Generationen und unterschiedlichste Lebensentwürfe zusammen, es wird mit vereinten Kräften Obst- und Gemüseanbau betrieben oder Kultur zu den Schrebergärtnern geholt. Unter dem Titel „Jenseits von Beeten“ gastierte hier bereits das Kunst- und Kulturfestival „Begehungen“, aber auch das „Fahrradkonzert“. Gekonnt ausgestaltet ist ansonsten so manche Idylle der Pächter. Da erweckt schon der Anblick eines liebevoll umsorgten Gärtchens Frühlingsgefühle. Ein freudiges Empfinden macht sich breit, wenn die Hummel über das Gartentor mit der kleinen Nummerierung summt, um zwischen den Blütenstempeln zu tanzen, oder eine Amsel von der Krone des Apfelbäumchens trällert. Im Schatten der Hollywoodschaukel, mit den Füßen im erfrischenden Nass der Zinkwanne, selbst gebraute Limonade mit Gartenminze schlürfen – allein die genüssliche Vorstellung vermag unser Belohnungszentrum zu aktivieren. Darüber hinaus sind es Attribute wie Gemeinschaft, naturnahe Umgebung oder der Umstand, an der frischen Luft zu sein, die dem Glücksgefühl zuträglich sind. Das Erleben, dem, was man sät, beim Wachsen zuschauen zu können, lassen ebenso die Endorphine ausschwärmen. (Grüner) Daumen hoch.

Kleingartenverein „Vereinte Kraft“ e. V., 09127 Chemnitz
www.vereinte-kraft-kleingartenverein.de
ÖPNV: Bus 62, 72, Haltestelle Grüner Winkel

222

Für-mich-Gefühl

68 *Shiva Day Spa auf dem Sonnenberg*

Eine zugewandte Haltung, offene Augen, eine warme Begrüßung – ein wohltuendes Gefühl des Gesehenwerdens stellt sich ein, sogleich man die Tür, unterhalb der beiden Löwenreliefs an der Hausfassade, zum Shiva Day Spa öffnet. Hier wird der Qualität zwischenmenschlicher Beziehungen höchste Bedeutung beigemessen, und Achtsamkeit steckt in jeder Einzelheit. Angefangen bei einem die Sinne verzaubernden Interieur, vermögen die Blicke, einem auf dem anderen goldenen Detail durch die Spa-Oase zu folgen. Die mit Strukturen überzogenen Wände und Note des Räucherwerks erwärmen derweil weitere Rezeptoren. Der fernöstliche Eindruck des wohnlichen Empfangsbereichs setzt sich im gesamten Spa fort. Jedes der drei Behandlungszimmer „Asia", „India" und „Salzzimmer" spielen mit den althergebrachten Motiven Asiens und erstrahlen zugleich in jeweils ganz eigenem Glanz.
Dem Funkeln in den Augen ihrer Gäste haben sich Christiane und Michèl Thämmig und ihr Team mit vollem Herzen, Fachwissen und traditioneller Handarbeit verschrieben. Behutsame Berührungen streicheln nicht nur Haut, sondern auch die Seele. In der Stille der Gesichts- oder Körperbehandlungen darf man wieder bei sich selbst ankommen. Sorgfältig gewählte Extrakte pflegen dabei die Behausung von Geist und Gemüt.
Ein Erlebnis der besonderen Art für sich allein oder zu zweit ist eine Auszeit in der Schwerelosigkeit des Schwebebads. Bei 36 Grad wohlig temperierter Salzsole verschwimmen die Grenzen von Körperoberfläche und Bad. Gedämpftes Licht, Kerzenschein und Unterwassermusik erschaffen eine atmosphärische Stimmung. Ideal, um sich der inneren wie äußeren Ruhe zu widmen. Entspannung nach japanischer Badehauskultur kann man in der „Private Spa Suite Sento" frönen. Zwischen Bonsaibaum, Kaminfeuer und Whirlpool, Dampfbad und Sandbett können Grüppchen bis zu sieben Personen einen exklusiven Wellnesstag verbringen. Ganz im Sinne der glückverheißenden Gottheit Shiva fühlt man sich nach einem Besuch im Shiva Day Spa wie neu gebor(g)en.

Shiva Day Spa Schwebebad und Beautylounge, Tschaikowskistraße 48, 09130 Chemnitz, Tel. (03 71) 27 39 41 95, www.shiva-kosmetik.de
ÖPNV: Bus 31, 82, Haltestelle Zietenstraße

Shiva Day Spa
Dr. Spiller
Biocosmetics
Handcreme
3,80 €

Unterhaltsame Gewürzkunde

69 *„indisch-scharf" im Maharadscha Palast*

Es sind oftmals diese kleinen Momente, die unvergessliche Erinnerungen schaffen. Zum Beispiel daran, wie man sich gemeinsam mit Freunden über die Vorspeisenplatte mit Gemüse im Kichererbsen-Teigmantel und Fladenbrot hermacht und in hitziges Gelächter ausbricht, wenn der ein oder andere in der Runde den Schärfegrad der mitgereichten Dips unterschätzt und die Mimik entgleist. Ein heiteres Unterfangen ist ein Besuch im Maharadscha Palast auf vielfältige Weise. Darum kümmert sich der Chef des Hauses mit Vergnügen höchstpersönlich!
Herr Singh und sein Team machen in ihrem Schlemmer-Palast ein Stück indischer Kultur sicht- und erlebbar. Dass sie hier in ihrem Element sind, sieht und fühlt man. Ihre Gastlichkeit begleitet den gesamten Aufenthalt. Eine wahre Frohnatur ist auch der Boss. Dabei lässt sein Porträt über der Tür zur Küche zunächst anderes vermuten. Doch spätestens wenn er in seinem indischen Akzent mit typisch sächsischen Ausdrücken zu jonglieren beginnt, ist das Eis gebrochen. Besonders seine Gewürzempfehlungen lassen die Bauchmuskeln zucken.
In der Küche wird diesen feinen Ingredienzien, zum Beispiel Safran, Koriander oder Curryblättern, höchste Aufmerksamkeit entgegengebracht. Gerade Curry verleiht den Gerichten rund um Basmati-Reis und Naan-Brot ihre belebende Wirkung. Die aromatischen Speisen aus dem „Tandoor", dem traditionellen Ton-Ofen, werden brutzelnd in Schalen auf kleinen kupferfarbenen Stövchen serviert. Wie das duftet!
Ein Besuch im Maharadscha Palast ist ein Sinnesrauschen auf vielen Kanälen. Einen edlen Kontrast schafft auch das kulturspezifische Interieur zwischen heiligen, goldverzierten Elefantenfiguren und aufwendig gestalteter Bestuhlung in Mahagonirot. Für eine bleibende, genüssliche Erinnerung und die richtige Wahl der individuell angemessenen Schärfe darf und sollte man auf die fürsorgliche Beratung der Kellner vertrauen, damit Freudentränen eines bleiben: Ausdruck heiterer Momente bei außergewöhnlicher Küche in liebenswerter Gesellschaft.

Maharadscha Palast, Zschopauer Straße 48, 09111 Chemnitz, Tel. (03 71) 6 90 82 02
www.maharadschapalast.de
ÖPNV: Bus 52, 62, 72, Haltestelle Clara-Zetkin-Straße/Schauspielhaus

Im Blinzelduell mit Karl

70 *Das imposante Karl-Marx-Monument*

Ob sich Karli missverstanden fühlt und deshalb nicht überschwänglich erfreut daherschaut? Man kann es nur mutmaßen. Dabei mangelt es ihm offensichtlich nicht an Humor, schließlich hat er schon einigen Schabernack über sich ergehen lassen, als er beispielsweise zur Fußballweltmeisterschaft mit Nationaltrikot oder während des Hutfestivals mit passendem Accessoire beglückt wurde.

Die Rede ist von der Porträtbüste des Karl Marx, vom „Nischel", wie die Chemnitzer auch liebevoll sagen. Das Denkmal wurde 1971 an einer der großen Magistralen der bereits 1953 umbenannten Karl-Marx-Stadt eingeweiht. Zahlreiche Fotografen hielten seither die Bronzeplastik nach Entwürfen des sowjetischen Künstlers Lew Kerbel fest. Den Moment der Enthüllung dokumentieren jedoch keinerlei Zeugnisse. Im entscheidenden Augenblick hat einfach niemand auf den Auslöser gedrückt. „Eingehüllt" war er 2008 noch mal für wenige Wochen im Rahmen eines Kunstprojekts. Eine Gerüstkonstruktion ermöglichte es, Herrn Marx von allen Seiten unter die Lupe zu nehmen und ihm gar auf Augenhöhe zu begegnen. Im Blinzelduell hat er bisher jedoch jeden in die Knie gezwungen.

Ein Bürgerentscheid forderte 1990 die Rückbenennung der Stadt in Chemnitz. Ihren „Karli" wollte die Bevölkerung jedoch nicht hergeben. Und so blieb er. Den Sockel unter der sieben Meter hohen Büste erobern sich seither immer wieder neue Subkulturen. Skater oder auch die „Nischelhupper" vollführen an diesem Platze manches Mal atemberaubende Moves. Die meiste Zeit herrscht am Karli jedoch nachdenkliche Ruhe, deshalb ist er auch zu einem Glücksort auserkoren. Vor historischer Kulisse lässt sich hier mit Freunden bis in die Nacht philosophieren oder über „Das Kapital" streiten. Ein wenig einschüchternd wirkt es schon, wenn man den stoischen Blick von Karl über sich hinweg spürt. Wahrscheinlich trifft aber auch in diesem Fall die Beschreibung „harte Schale, weicher Kern" zu, und insgeheim wacht er wohlwollend über seine Stadt.

TIPP Ein Zeugnis sozialistischen Städtebaus zeigt sich im Hintergrund. Im Volksmund „Parteisäge" genannt.

Karl-Marx-Monument, Brückenstraße, 09111 Chemnitz
ÖPNV: Bus 62, 72, 79, Haltestelle Stadthalle

Tickets zum Glück

71 *Gibt's im Underworld Recordstore*

Ein gelbes Leuchtschild über der Ladentür wirbt in großen Lettern: We sell music. Und davon soll der geneigte Musik- und Schallplattenliebhaber nicht zu knapp vorfinden. Bereits durch die Glasfront des „Underworlds" kann man einen Eindruck von dessen reichem musikalischen Angebot bekommen. Die ganze Fülle offenbart sich dann mit Betreten der 100 Quadratmeter großen Ladenfläche. Dabei hat alles recht klein angefangen: Es war 1995, und Silvio Spreer, selbst als DJ am Start, wollte mit seiner Passion für Musik beruflich mehr wagen. Gesagt, getan. Anfangs handelte er Tonträger hauptsächlich für seine Berufskollegen hinter den Plattentellern. Doch auch Sammler kamen dem Underworld auf die Spur. Seit Langem eine feste Größe für Musikliebhaber, beherbergt der jetzige, zentrumsnahe Standort mit City-Ticket nun außerdem den kleinen Bruder des Plattenladens. So kann man hier fortan nicht nur Schallplatten erwerben, sondern gleich noch Konzertkarten mitnehmen. Den Machern ist dabei die zwischenmenschliche Ebene wichtig, jeder ist willkommen und wird auf Wunsch mit Insiderwissen und Empfehlungen umsorgt. Eine besondere Atmosphäre hat die Underworld-Mannschaft nicht zuletzt mit der türkisgrünen Wandfarbe, ihren Lieblingspostern, der lauschigen Sitzecke samt Plattenspieler und den wandhohen Regalen voller Schätze kreiert. Musikalisch bildet sich hier die ganze Bandbreite ab. Darüber hinaus finden sich Platten für den schmalen Taler, aus zweiter Hand ebenso wie Musikjournale im Repertoire.

TIPP

Auf die heilige Plattensammlung kann man jederzeit auch von nah und fern via Online-Shop zugreifen.

Jährliches Highlight ist der international zelebrierte Record Release Day, für welchen eigens Tonträger herausgegeben werden. Neben diesem Fach finden sich weitere Raritäten aus vergangenen DDR-Tagen, und auch lokalen Musikprojekten wird besondere Anerkennung gezollt sowie Unterstützung gewährt. Ihrem Draht zu überregionalen Größen zum Dank kommt man hier ab und an sogar in den Genuss einer spontanen Akustik-Session, bevor die Band ihren eigentlichen Gig spielt.

Underworld Recordstore, Hartmannstraße 3a, 09111 Chemnitz, Tel: (03 71) 4 04 03 77
www.underworld-records.de

ÖPNV: Bus 21, 32, 51, 62, 72, 79, Haltestelle Innere Klosterstraße

Goodfellas
DEICHKIND
CHOPIN

Urlaubsfeeling

72 *An der frischen Luft im Naturbad Niederwiesa*

Es ist eine sehr besondere Zeit im Jahr, und manchmal sorgt bereits die Aussicht auf ein paar freie Tage dafür, dass wir mal wieder tiefer durchatmen, die Schultern kreisen lassen und ein My Anspannung aus dem Körper weicht. Die Vorfreude – auf selbstbestimmte Stunden, einen Tapetenwechsel oder den Sehnsuchtsort – ist ein beflügelndes Gefühl. Sie knipst unser Kopfkino an und durchströmt jede Zelle mit Energie. Urlaubszeit heißt loslassen und aus dem Koffer in den Tag hineinleben. Der Gegenentwurf zum durchgetakteten Leben wirkt ausgesprochen befreiend. Der Einfachheit der Dinge und damit einhergehender Reduzierung von Entscheidungsmomenten sind wohl auch die Minimalisten verfallen. Und man ahnt, dass diese Thematik nicht grundlos mehr und mehr Beachtung findet. Wie wäre es also damit, ein Weilchen mit leichtem Gepäck zu reisen? Zu schauen, was man wirklich braucht?
Ein geeignetes Übungsfeld könnte der Campingplatz am Naturbad Niederwiesa sein. Ob mit Wohnwagen, Bulli oder Zelt – je weniger Abtrennung nach außen, desto größer das Freiheitsgefühl. Und es ist herrlich, den lieben langen Tag an der frischen Luft zu verbringen, abends im Mondschein das Nachtlager zu bereiten, sich in seiner temporären Höhle einzukuscheln und vom gemäßigten Zirpen der Grillen ins Traumland geleiten zu lassen. Küsst der Sonnenaufgang den Tag wach, hört die Geruhsamkeit längst nicht auf.
Vor den Toren von Chemnitz bietet das Naturbad ein friedliches Örtchen zum Kopflüften oder Abtauchen. Je nach bevorzugtem Element finden Camping- wie auch Tagesgäste ihr kleines Urlaubsglück auf farbenfrohen Handtüchern zwischen schattigen Plätzchen der Liegewiese oder im kühlen Nass des Badesees. Diese Augenblicke voller Gelassenheit bewusst auszukosten, schafft Erinnerungen, die imstande sind, uns auch durch den mitunter turbulenten Alltag zu tragen. Denn mit der Kraft der inneren Bilder können wir uns jederzeit an die Orte träumen, die unser Herz höherschlagen lassen. Holi Day!

Naturbad Niederwiesa, Zum Naturbad 35, 09557 Niederwiesa, Tel. (01 72) 3 78 39 06
www.naturbad-niederwiesa.de
Anreise empfiehlt sich via Rad, zumindest bei kleinem Gepäck

Sonnenuntergangsromantik

73 *Zu zweit an der Eselsbrücke in Rabenstein*

Hoch über der Stadt, man muss bereits das Ortsausgangsschild passieren, wartet die Eselsbrücke mit einem famosen Ausblick auf. Den Blick in die Ferne richten zu können, schafft zur sonst eher urbanen, verbauten Ansicht einen wohltuenden Ausgleich. An den Rändern der Stadt, auf den sie umgebenden Höhenzügen, erkennt man in östlicher Richtung bei guter Sicht die schier unerreichbare Augustusburg, Haus und Hof von August dem Starken, einst Kurfürst von Sachsen. Aber auch das visuelle Absuchen des näheren Umfeldes lohnt. Zu Füßen liegen dann die Turmspitzen der Rabensteiner Grundschule sowie Kirche.

Ihren Namen soll die Eselsbrücke der Überlieferung nach dem kleinen grauen „Bruder" der Pferde verdanken. Ein solcher habe zur eindrucksvollen Einweihungsfeier 1897 als erstes Lebewesen die neu erbaute Überquerung der Eisenbahnlinie von Limbach-Oberfrohna nach Wüstenbrand betreten. Fortan wollte niemand mehr in einer Gruppe unterwegs den ersten Fuß auf die Brücke setzen und damit vermeintlich der Esel sein. Obwohl die Namensgebung zunächst wohl eher schalkhaft gemeint war, hielt sich die Bezeichnung auch über die Existenz der Verbindungsstrecke hinaus. Nach nur gut einem dreiviertel Jahrhundert baute man die Bahnstrecke zurück und füllte das Gelände Anfang der 70er-Jahre mit Aushubmaterial vom nah geschaffenen Stausee auf. Letzterer ist bis heute ein Eldorado der Sonnenanbeter.

In Erinnerung an Brücke und Esel hat die Unabhängige Bürgerinitiative des Stadtteils Rabenstein 2004 beiden ein Denkmal gesetzt. Der gemeinschaftliche Denk- und Organisationsprozess wurde abschließend von einer Holzplastik gekrönt. Nur unter Hinzunahme von Kettensäge und Axt verwandelte Dietmar Bauer Lärchenholz in das behufte, liebenswerte Geschöpf. Von Frühjahr bis Herbst wacht das Eselchen seither über die Stadt. Dass dieses Fleckchen Erde in seiner Nähe wunderbar in den Sonnenuntergang führt, ist zwar kein Geheimnis mehr, tut der Stimmung jedoch keinerlei Abbruch.

Eselsbrücke, Kreisigstraße, 09117 Chemnitz

ÖPNV: Bus 253, Haltestelle Oberrabenstein, ca. 950 Meter Fußweg

Nostalgische Gemütlichkeit

74 *Vorhang auf, Film ab im Clubkino Siegmar*

Es ist ein Gefühl freudiger Erwartung, wenn man sich in dem drehbaren, rubinroten Sessel zurücklehnt und sich mental auf diesen typischen Kinosound einstellt. Noch ein genüsslicher Schluck aus dem Rotweinglas, und es erklingt der lieb gewonnene Ufa-Gong in drei aufeinanderfolgenden Tönen. Behutsam erlöschen die Glühfäden der Wandlampen, und die schweren, senfgelben Vorhänge schieben sich zur Seite. Durch den dunklen Saal werfen die Lichtstrahlen des Projektors erste zaghafte, bewegte Bilder auf die Leinwand, begleitende Musik setzt ein. Die Kamera fährt gemächlich übers Set und gibt erste Details zum Protagonisten preis, bevor dessen Mimik von der Unschärfe in den Fokus rückt. Mit gefühlvollen Bildern weiß der Streifen den Betrachter zu berühren und eine Geschichte zu erzählen. Aber zurück zum Anfang.

Das urige Kino mit dem nostalgischen Charme blickt bereits auf eine hundertjährige Geschichte als Lichtspieltheater zurück. Angefangen als Stummfilmkino, erlebte es zwischenzeitlich unter dem Namen „Capitol" die ein oder andere Veränderung, doch geht seit jeher seinen eigenen Weg. Das wohldurchdachte Programm bringt so manchen Geheimtipp auf die Leinwand, unabhängig eines Genres, aber stets mit einem hohen Anspruch an gut gemachte Filme. Das Besondere sehen, in die Welt technisch raffinierter Dokumentationen eintauchen oder sich mit eindrucksvoll bebilderten Geschichten auf etwas hinweisen zu lassen – im wohnlichen Flair mit Retrolook darf es tiefer gehen. Nervennahrung, von Knusperflocken bis Nüsschen, gibt es an der lauschigen Bar direkt im Kinosaal. Den Reiz der Anfangsjahre versprüht der Kleine Saal im Stil der 30er-Jahre, zum Teil mit originalen Einrichtungsobjekten. Auch da sorgen kleine Sitzgruppen und Tische für filmreife Gemütlichkeit. Hinter die Kulissen und explizit ans Filmemachen führt die Filmwerkstatt schon die Jüngsten. So manche Filmklappe fiel bereits in diesem Hause, regelmäßig feiern Produktionen hier ihre Premiere und kapern Filmpreise.

Clubkino Siegmar, Zwickauer Straße 425, 09117 Chemnitz, Tel. (03 71) 85 19 71
www.clubkino-siegmar.com
ÖPNV: Bus 41, 43, 152, 251, 253, Haltestelle Bahnhof Siegmar

„Glück auf!"

75 *Schaubergwerk Felsendome in Rabenstein*

Die Felsendome ist ein Ort, den man sich auf der Zunge zergehen lassen darf. Zum einen, weil man hier mit deftigen Schmäusen nach Großmamas Rezepturen Verköstigung vorfindet. Andererseits weil dieses Areal eine jahrhundertealte Historie zu erzählen hat, die unter die Haut geht. Oder besser gesagt, unter Tage führt.

Erste Grabungen nach Bodenschätzen im Rabensteiner Erdreich werden auf 1365 datiert; der Abbau von Kalkstein sollte bis 1908 andauern, und in den Schacht Niederrabenstein jagte man den „Hund" sehr wohl bei jedem Wetter. Diesem und anderen montanen Fachtermini widmete sich als einer der Ersten – der einstige Bürgermeister von Chemnitz, zudem Stadtarzt, Geologe, kurzum ein Universalgelehrter – Georgius Agricola. In seinem Werk „De natura fosslilium libri X" aus dem Jahre 1546 erwähnte er auch den begehrten Rabensteiner Kalkstein. Dabei ist der Kalk nicht etwa das fertige Abbauprodukt, sondern wird erst nach dessen Einschmelzung zu einem brauchbaren Werkstoff.

In seinem natürlichen Lebensraum zaubert das ausgewaschene Kalksediment mit größter Geduld Tropfsteine in die verhältnismäßig noch junge, unterirdische „Felsendome". Nicht weniger fantastisch lassen die verschiedenen Mineralien Strukturen und Farben ineinanderfließen. Auf eine Reise zwischen Naturspektakel und technische (Un-)Möglichkeiten geht es mit Helm, Bergmannsgruß und unter sachkundiger Erläuterung während der Befahrung in den Stollen. Unvorstellbar, wie Mensch hier insgesamt vier Sohlen in den Berg getrieben hat! Besonders eindrücklich sind die meterhohen Gewölbe des Domsaals, begleitet von einem sanftmütigen Konzert herabfallender Wassertropfen. Weiter im Text heißt es am Gnomengang „Kopf einziehen", bevor die Taschenlampe des Bergführers im Marmorsaal erneut geologische Kostbarkeiten, aber auch Filmkulisse ins Licht rückt. Einstiege zur gefluteten Ebene drei und vier in der Grünen und Blauen Grotte sind den Höhlentauchern vorbehalten. Ob es ein Tauchzeichen für Staunen gibt?

TIPP Im Berg beständig sieben Grad. Über Tage sommerlicher Biergarten, bei Schnee geschätzter Rodelberg.

Besucherbergwerk Felsendome Rabenstein, Weg nach dem Kalkwerk 4, 09117 Chemnitz, Tel. (03 71) 8 08 00 37, www.felsendome.de

ÖPNV: Bus 32, Haltestelle Felsendome

Entschleunigung

76 *Im Wasserwerkspark in Altchemnitz*

Der Wasserwerkspark im Stadtteil Altchemnitz wirkt im urbanen Getümmel beinahe wie ein vergessener Ort. Dabei steckt hinter der leicht verwilderten Beschaffenheit ein bewusster Entscheid zur nachhaltigen Forstnutzung nach FSC-Zertifizierung. Das Umweltamt der Stadt informiert unter anderem zu diesem Prozess auf einer der Infotafeln, die sich am Zwönitztalweg entlang in das Areal einfügen, an dessen Koordinaten im letzten Quartal des 19. Jahrhunderts Sachsens erstes Trinkwassergewinnungswerk entstand. Inmitten der Stadt legt sich diese besonders atmosphärische Oase an den Strom Zwönitz, kurz bevor dieser zusammen mit der Würschnitz in den namensgebenden Fluss Chemnitz mündet. Einen Park im klassischen Sinne findet man hier nicht vor, vielmehr einen verwunschenen Ort. Doch genau das macht auch seinen Reiz aus.

Der Wasserwerkspark beherbergt nicht nur allerhand Flora und Fauna, sondern ebenso die ein oder andere romantische Kulisse. Es scheint eine stille Übereinkunft darüber zu geben, Liebeserklärungen an einem bestimmten Baum zu verewigen. Weitere wunderbare Fotomotive bieten Kanäle, Stromschnellen, Wassertreppen, fantasievolles Wurzelwerk und schmale Brücken. Lieblingsplatz ist jedoch vermutlich der Teich im Herzen des Kraftortes. Dort ruht ein entwurzelter Baumstamm im Wasser. Beeindruckt von der Szenerie, überwindet hier so mancher seine Scheu und begibt sich in die horizontale Baumkrone. Als würde man die Weite des Meeres auf sich wirken lassen, vergisst man dabei in Windeseile Raum und Zeit. In der Spiegelung der Wasseroberfläche ziehen Wolken vorüber und Enten, denen man ein wenig sehnsüchtig hinterherblickt, während sie sich trockenen Hauptes vom Ufer zur Insel in der Mitte des Gewässers aufmachen. Den geflügelten Bewohnern der Naturschutzfläche wird auf dem Naturlehrpfad besondere Aufmerksamkeit gezollt. Wer sich schon immer mal gefragt hat, welcher (Sing-)Vogel ihn zum Frühlingserwachen aus dem Schlaf piepst, wird womöglich an der „Vogeluhr" Antworten finden.

Wasserwerkspark, Zwönitzstraße, 09125 Chemnitz
ÖPNV: Bus 53, 73, 76; Tram 6; Chemnitz Bahn C11, Haltestelle Altchemnitz

Sinnlich und verträumt

77 *Das MitSinnen Festival im Grünen von Chemnitz*

„Wenn einer allein träumt, ist es nur ein Traum. Wenn viele gemeinsam träumen, ist das der Anfang einer neuen Wirklichkeit." Im Lichte dieser schönen Worte von Friedensreich Hundertwasser haben sich gut ein Dutzend Sonntagskinder in ihren besten Jahren zusammengeschlossen. Gemeinsam bauen sie im Chemnitzer Raum temporäre Luftschlösser zur allgemeinen Erheiterung ihrer Mitmenschen. So unterschiedlich ihre Professionen auch sein mögen, eines eint sie tief im Herzen: ihre unbändige Lust am Wirken sowie das Studium der Fantasie.

Mit diesem Esprit zaubert der bunte Haufen des MitSinnen e. V. kleine und größere Landschaften voller Frohmut, Detailverliebtheit und Sinnlichkeit aus dem Koffer. Unwegsames Gelände stellt dabei kein Hindernis, sondern die pure Einladung zum Improvisieren dar. So werden Baumstumpf-Stolperfallen kurzerhand zu freundlichen Gesichtern im Erdreich, eine Astgabel zur Staffelei oder die Kuhle am Wegesrand in einen Angelteich verwandelt. Das Glück am Haken hat die Festivalcrew schon deshalb, weil sie der Lebensfreude den roten Teppich ausrollt. Das fühlt sich ebenfalls für den Besucher erfrischend an und ist dabei auch noch gesund. Denn jedes Mal kitzeln das liebevoll gestaltete Gelände und besonders die humorvollen Installationen den Geist und sorgen für Lachfalten. Ein kommunikatives Element, das verbindet; universell verständlich über den gesamten Globus. Und ganz nebenbei trainiert Lachen gut 240 Muskeln, erhöht den Sauerstoffgehalt im Blut, massiert mit dem beteiligten Zwerchfell innere Organe, verbessert die Immunabwehr … die Ausschüttung von Glückshormonen inklusive.

Vielfältige Programmpunkte laden zu diesem Freudentaumel und sinnlichen Erleben ein: Musik, Kleinkunst, kreative Workshops, Yoga, Familienangebote, Kulinarik. Herzstück des Spektakels ist die „Bar der Sinne" mit betörenden Kräutercocktails und einem Glas voller Komplimente. Andere Kostbarkeiten und Erinnerungsstücke an dieses Lebensgefühl gibt's am Mini-Kiosk. Auf den Schwingen der Fantasie zum Glück.

MitSinnnen Festival
Infos unter: www.mitsinnen.me

Uriges Gässchen

78 *Rund um das Kellerhaus in Schloßchemnitz*

Sie zählen zu den ältesten Gebäuden der Stadt. Einer Stadt mit beinahe 900-jähriger Geschichte und doch ohne eines dieser gemütlichen Altstadtviertel. Chemnitz, eine Stadt des Wandels, die ihr Erscheinungsbild im Kern viele Male verändert hat. Ein Glück, dass die Denkmalbestimmungen ihre bewahrenden Hände über die Fachwerkhäuser am Fuße des Schloßbergs hielten und hier nach intensiver Restaurierung ein Tick des urigen Charmes erlebbar ist.

Schon seit dem ausgehenden 17. Jahrhundert in der Tradition einer Schankwirtschaft stehend, hat sich um das „Kellerhaus" eine regelrechte Schlemmermeile angesiedelt. Besonders nach Sonnenuntergang zaubert das Ensemble der Gaststuben einen unvergleichbaren Lichterglanz in die Dunkelheit und rückt wunderbare Details ins Licht. Angefangen bei der „Ausspanne", von deren altem Baum man die funkelnden Sterne pflücken möchte, führt dieses kleine, zauberhafte Gässchen zunächst über Kopfsteinpflaster den Berg hinauf. Nur wenige Schritte weiter steht man vor den Toren vom „Gasthaus an der Schloßmühle", das mit Müllerstube und Kornboden an alte Tage des Fachwerks erinnert und Hausmannskost auf dem Mühlenradtisch serviert. Über schwungvolle Schatten hüpfend, tastet man sich an der unebenen, mit einer Schiefertafel besetzten Fassade entlang, sich fragend, was die alten Gemäuer wohl zu erzählen wüssten. Um die Ecke gebogen, führt der Rundweg zum sandig gefärbten „Kellerhaus" mit rot abgesetzter Balkenkonstruktion. Ihm gegenüber beherbergt der Schloßberg 14 die „Speisekammer", die im Inneren mit einem Mix aus maritimen Details und asiatischen Elementen frischen Wind in die Gegend bringt. Das leckere Quintett rundet schlussendlich das „Gasthaus Schloßvorwerk" ab. Im Erdgeschoss des hellen Fachwerkhauses, dessen Balken in einem graugrünlichen Ton abgesetzt und jeweils von zarten Begleitstrichen umrahmt sind, öffnen sich im Sommer die Fenster zum Eisverkauf. Wie ausgiebig man doch selbst kurze Strecken auskosten kann …

Rund um das Kellerhaus, Schloßberg, 09113 Chemnitz
ÖPNV: Bus 79, 82, Haltestelle Schloßviertel

Gasthaus
an der
Schlossmühle

Auf die Freundschaft!

79 *Philosophisches Bingo mit Livemusik im Atomino*

„… was die Welt im Innersten zusammenhält …“!?
Eigentlich wollten die Gründungsväter und -mütter des Atominos dem intellektuell angehauchten, nicht mehr existierenden und doch unsterblichen Kulturzentrum „Voxxx“ am Übertritt ins neue Jahrtausend ein Quäntchen Unvernunft entgegensetzen; einen weniger kopflastigen Ort schaffen. Ein Blick auf den Interpretationsspielraum rund um den Namen des Tanz- und Nachtclubs lässt vermuten, dass es dann doch nicht so ganz ohne ein philosophisches Stelldichein ging. Gute 20 Jahre später kann man konstatieren: Das Atomino ist zwischenzeitlich selbst zu einer Institution der Chemnitzer Clublandschaft geworden. In seinem freigeistigen Gemüt wagt es schon immer den Spagat und bringt zusammen, was vermeintlich nicht zusammengeht. Ekstase auf der Tanzfläche und gediegene Stimmung beim Bingo-Abend. Stupide PowerPoint-Präsentation und Lachmuskeltraining. Garagensound und Glitzer-Pop. Entertainment steckt hier einfach in der atomistischen DNA.
À la Familia, Hand in Hand – auch als Teil eines gleichnamigen lokalen Kulturbündnisses – wird die Atomino-Crew nicht müde, neue Räume zu bespielen. Nach gefühlten 13 Umzügen innerhalb des Stadtkerns darf bei allem Wandel im Innen und Außen ein Ankerplatz natürlich nicht fehlen. Feste Größen wie die Atomino-Bar oder die amüsante „Mania“ vereinen Freunde und Familie. Am Ende ist das ja alles eins und unterstreicht lediglich noch einmal die Bedeutung sozialer Beziehungen – im Übrigen Glücksfaktor Numero uno.
In dieser Mehrgenerationengemeinschaft werden stetig neue Umlaufbahnen erobert. Vom hauseigenen Musiklabel oder Fernsehsender „Atomino TV“ – ein bisschen retro und zugleich ausgestattet mit größter Neugierde aufs Leben ist sicher schon der nächste Coup in Planung. Ganz gleich welche Ordnungszahl respektive Hausnummer die aktuelle Location auch tragen mag, im Atomino lassen sich gepflegt Freundschaft und Leben feiern. Wie schön es wäre, wenn die Welt aus lauter Atominos bestehen würde.

Aktuelle Adresse auf der Website:
www.atomino-chemnitz.de

Herzenswünsche

80 *Sterne gucken am Rabensteiner Windpark*

Was ist das nur für ein faszinierendes Schauspiel der Natur, wenn sich in der Abenddämmerung die ersten Leuchtpunkte am Himmel formieren? Obwohl Sterne, streng genommen, Sonnen sind und ihr Licht rundherum abgeben, erscheint es uns, als würden die kosmischen Boten strahlenförmig leuchten. Die Astronomie wüsste dieses Rätsel in Windeseile zu entschlüsseln, doch was bliebe dann von der Magie? Ein besonderes Plätzchen zum Beobachten der Gestirne bietet der Windmühlenhügel am Rand der Stadt. Nach dem Ortsausgangsschild und einem kometenhaften Aufstieg entlang der Obstbaumallee wartet ein fantastischer Weitblick über die Lichtglocke der Stadt. Die unentwegte Sicht ins Dunkel der Nacht könnte lediglich vom Erdtrabanten geschmälert sein. Wobei auch der Mann im Mond mit seinen Maren und Gebirgen von anziehender Ruhe umgeben und jeden Blick wert ist.

Richtet man sein Augenmerk über sich in den Baldachin der Nacht, lassen sich unschwer die Zirkumpolarsterne der Sternbilder Großer Wagen oder Kassiopeia ausmachen. Der lang gestreckte Schwan scheint hingegen leise die Milchstraße hinabzugleiten, während fantasievolle Gestalten wie Pegasus, Einhorn, Walfisch, Orion oder die 12 Tierkreiszeichen im Wandel der Jahreszeiten auf einer unsichtbaren Bahn über den Himmel tanzen. Keine Ahnung von der realen Ausdehnung der Galaxis und doch ein Teil von ihr. Es ist, als legte das Sternenmeer einen schützenden Umhang über die Welt. Huscht dann lautlos eine Sternschnuppe über den Himmel, gilt es, schnell einen Wunsch parat zu haben. Schließlich sagt man ihnen schon jahrtausendelang eine Glück bringende Eigenschaft nach. Doch auch so ein kleiner geheimer Traum hat die Kraft, uns durch den anstehenden Tag zu tragen.

Am Ende liegt alles, was wir brauchen, bereits in uns. Und vielleicht schenkt uns ein Abtauchen in die Tiefen der Nacht einen Einblick in sehnsuchtsvolle Hoffnungen und den Tiefsinn unseres eigenen Naturells. Ganz nach Antoine de Saint-Exupéry: „Für die einen, die reisen, sind die Sterne Führer.“ Happy End.

Windpark, Röhrsdorfer Straße, 09117 Chemnitz

ÖPNV: Bus 32, Haltestelle Hans-Benz-Straße, ca. 1400 Meter Fußweg

Bibliografische Informationen der Deutschen Nationalbibliothek
Die Deutsche Nationalbibliothek verzeichnet diese Publikation in der Deutschen Nationalbibliografie; detaillierte bibliografische Daten sind im Internet über http://dnb.d-nb.de abrufbar.

Konzeption/Satz: Droste Verlag, Düsseldorf
Einbandgestaltung und Illustrationen: Britta Rungwerth, Düsseldorf, unter Verwendung von Bildern von © Fotolia.com: jd – photodesign.de; © iStock: Plociennik Robert
Fotos: Sara Winter, außer:
S. 9: © Marcus Trinks; S. 11: © Spinnerei Chemnitz; S. 13: © Marcus Trinks; S. 19: © C³ GmbH / Steffen Spitzner; S. 35: © Marcus Trinks; S. 41: © Erik J. Henningsen; S. 43: © Daniela Schleich / SCHLiNGEL Archiv; S. 45: © Marcus Trinks; S. 51: © Silvia Giardino; S. 55, 61, 79, 83, 85: © Marcus Trinks; S. 93: © Timmy Pester; S. 99, 101, 105, 107: © Marcus Trinks; S. 109: © Weltecho; S. 111: © Marcus Trinks; S. 113: © Nasser Hashemi / Die Theater Chemnitz; S. 115: © Fabian Fischer („Moments in Movement"); S. 123: © Uferstrand Chemnitz; S. 143: © Shiva Day Spa; S. 145: © Christian Beck; S. 149, 151: © Marcus Trinks; S. 155: © Daniela Schleich / SCHLiNGEL Archiv; S. 165: © Ernesto Uhlmann / Atomino

MIX
Papier aus verantwortungsvollen Quellen
FSC® C011279

Druck und Bindung: LUC GmbH, Greven
ISBN 978-3-7700-2280-9

www.droste-verlag.de